KB254085

태을주 도공으로 개벽된

나의 생명

3

태을주 도공으로 개벽된 나의 생명3

발행일　단기 4349(2016)년 7월 27일 초판 1쇄
발행인　안경전
발행처　상생출판
편　집　증산도 편집부
주　소　대전시 중구 중앙로 79번길 68-6
전　화　070-8644-3156
팩　스　042-254-9308
홈페이지 www.sangsaengbooks.co.kr
출판등록 2005년 3월 11일(175호)

ISBN　979-11-86122-29-7 (04290)
　　　　979-11-86122-13-6 (세트)

태을주 도공으로 개벽된

나의 생명

3

상생출판

서 문

태을주 수행법에는 **정공靜功**과 **동공動功**이 있습니다. 정공은 가만히 앉아 고요히 눈을 감고 소리 내서 주문을 읽는 것이고, 동공은 몸을 움직이면서 수행하는 것입니다. 일찍이 상제님께서는 태전太田에 오시어 천지공사天地公事를 행하시며 가을 개벽기의 수행법으로 동공 수행법을 전수해 주셨습니다. 이것을 '도공道功 수행법'으로 구체화 시켜 우리 일꾼에게 처음 내려주신 분이 바로 증산도의 안운산 태상종도사님이십니다.

태을주 정공과 동공은 일체로 연관되어 있습니다. 정공을 바탕으로 동공을 해야 합니다. 그러나 현실은 앉아서 정공을 하기에는 너무나 바쁘고 번잡한 세상입니다. 더구나 가을 개벽을 앞두고 있는 급박한 역사 현실에서는 가만히 앉아 정공을 할 수 없습니다. 이제 기존의 수행방식을 동공 중심으로 전격적으로 바꿔야 할 때입니다.

참마음으로 태을주 도공(동공) 수행을 하면 누구나 태을천太乙天의 조화기운을 받을 수 있습니다. 일심으로 주문을 읽으며 리듬을 타고 몸을 흔들면 누구나 우주 조화의 생명 바다에 들어가 갖가지 신비한 체험을 하게 됩니다. 최근 안경전 종도사님의 '태을주 도공 전수 전국 도장 순방' 으로 태을주 수행문화의 새 역사가 열리고 있습니다. '태을주 도공' 으로 인해 인류의 영성 문화에 일대 개벽이 일어날 것입니다. 마음을 열고 용기를 내어 빛과 조화 넘치는 태을주의 광장으로 걸어나오십시오. 여기 2015년 전국 증산도 도생들의 태을주 도공 체험을 소개합니다. 이 책이 태을주 도공 수행과 만날 수 있는 작은 인연이 되기를 소망합니다.

편집자
2016년 7월 20일

천지의 기氣를
받아내리는 도공

인류역사상 처음으로 내려주는 도공

　내가 오늘은 대우주 천체권의 기氣를 통하게 해주려고 하는데, 이것은 천지의 정기正氣, 기氣의 핵核을 열어주는 것이다. 이걸 내가 '도공道功'이라 이름 붙였는데, 도공道功은 인류역사를 통해서 내가 처음으로 내려주는 것

이다. 바른 마음만 갖고 하면 누구든 다 기를 받을 수 있
다.

이 땅에 사람이 산 지 한 만년 이상 잔뜩 되는데, 그 동
안 별의 별일 다 있지 않았는가. 수많은 사람들이 죽을 때
까지 공부했어도 아무 것도 이룬 게 없다.

헌데 이 도공이라는 것은 그걸 기도문이라 할까 주문이
라고 할까, "상제님이시여, 태모님이시여, …" 하고 찾으
면서 도공을 내려달라고 몇번 축원하면 금세 돼버린다.

헌데 가만히 앉아 있으면 통기通氣가 안 되니까, 기를
통하게 하기 위해 신체를 움직이라는 것이다. 신체를 움
직이는데 팔을 돌린다든지 뛴다든지, 자기 하고 싶은 대
로 해야 기를 끌어들이는 게 빨라진다.

다시 얘기해서, 몸을 흔드는 것은 기의 순환, 자기 본체
의 기를 순환시키기 위한 것이다.

기통으로 병을 치유한다

지금 도공 시키면서 보니 우는 사람도 있고, 웃는 사람
도 있고, 막 자기 손으로 머리를 두드리는 사람, 가슴을
치는 사람, 다리 때리는 사람, 배 때리는 사람, 허리 두드

리는 사람, 뭐 별의별 사람 다 있다. 일어나서 춤추다가 옆 사람 밟는 사람도 있고 말이다.

그게 왜 그러냐? 간심비폐신肝·心·脾肺腎, 간장과 심장과 비장과 폐장과 신장이 사람마다 전부 다르기 때문이다. 1억이면 1억 명이 다 각각이다. 간장과 심장이 튼튼한 사람, 비장과 폐장이 튼튼한 사람, 그걸 비율로 분석해보면 참 각양각색이다.

해서, 자기 오장五臟의 균형을 기하기 위해 그렇게 하기도 하고, 또 살아오는 동안 가슴에 멍이 든 사람도 있지 않은가. 너무너무 큰 충격을 받아서 아주 응어리가 진 사람들. 그런 사람들은 수도를 하여 자연의 기를 접목시킬 때, 그렇게 해서 풀어지기도 한다. 불치병 가진 사람이 도공을 받으면서 완전히 고쳐지는 경우도 있다. 기통氣通은 만병통치라 해도 과언이 아니다.

100% 믿음으로 무아경無我境 속에서 하라

도공을 할 때에는, 내 생각을 전부 빼버리고 자연섭리에 순응하는 마음을 가져야 한다. 정신을 수양하고, 천지의 기氣를 받는 데는 먼저 무아경無我境이 되어야 한다.

내가 없는 경지 말이다.

무아경이라면 한마디로 망형망재忘形忘在를 말한다. 망형망재란 나의 형상도 잊어버리고, 나의 존재도 잊어버리는 경지를 말한다. 도통공부도 그런 무아경에서 되는 것이다. 그러려면 내 정신은 막사선莫思善 막사악莫思惡이 돼야 한다. 착한 것도 생각하지 말고 악한 것도 생각하지 말고. 지금 이렇게 도공을 받는 것이 앞으로 도통 받는 데 큰 도움이 될 것이다.

도공을 꾸준히 하라

도공을 한 번 받으면, 아픈 사람 환부에 손을 얹고 주문을 읽어서 병도 고칠 수 있다. 가족 중에 누가 어디 아프고 안 좋다고 할 때도, 손을 갖다 대고 마음속으로 노폐물을 뺀다 하고 태을주를 읽으면 금세 몸이 좋아진다.

그리고 도공도 태을주를 바탕으로 해야 한다. 태을주 읽는다고 밥 안 먹는 것이 아니듯이, 기를 받는 도공수련道功修鍊과 태을주太乙呪 수도는 병진하는 것이다. 도공은 태을주의 위력 위에 기를 싣는 것이다.

도공道功은 가을 천지의 새로운 수행법

도공은 도를 닦으면서 이루는 공덕이다

도공道功은 다가오는 가을천지 통일문화권 시대의 새로운 도통문화를 여는 참동학 증산도의 새로운 수행법이다. 일반적으로 우리가 도공이라고 하면 도를 닦으면서 이루는 공덕, 내 몸으로 체득하는 영적 또는 심리적인 체험,

그 모든 성취를 도공이라 한다. 한마디로 도를 닦아 실천해서 이뤄지는 업적, 성과, 결과, 열매 이것이 도공이다. 도공은 원칙으로는 동공動功과 정공靜功을 합쳐서 이르는 말이다. 일반적으로 도공을 동공의 대용어로 쓴다.

가을개벽기에는 동공을 중심으로 해야 한다

선천先天 봄여름은 양세상이라 움직이니까 몸은 음적으로 고요함을 취한다. 이제 만물이 통일, 성숙, 열매를 맺는 후천後天 곤도坤道 음의 시간대에서는 천지만물이 밖에서 안으로 수렴해 들어오는 음의 운동을 하기 때문에 오히려 인간은 거꾸로 동적인 방법을 취해야 한다. 선천에서 후천으로 넘어갈 때는 이런 자연의 음양의 법칙에 의해서 몸을 움직이면서 수행을 하는 동공을 더 많이 해야 된다. 이제 가을개벽을 앞두고 온 인류는 기도와 수행 문화 방식이 완전히 바뀌어야 된다. 동공은 가을의 수행법, 후천 수행법이다.

그렇다고 해서 선천의 정적인 수행법을 싹 다 버리고 동적인 수행, 소위 동공만 해야 되는 것은 아니다. 예를 들면 하루에서도 태양이 만물을 깨우면 모두 나가서 활동을 한다. 그리고 해가 지고 달이 뜨는 음의 시간대가 되면 다시 들어와서 쉰다. 음양은 항상 일체로 연관작용을 한다. 음양陰陽 동정動靜은 우주의 제 1법칙이다. 정공과 동공을 겸해야 한다. 하지만 가을개벽기에서는 동공을 중심으로 해야 한다.

몸을 바르게 세우고 리듬을 넣어라

　정공과 동공의 자세에서 가장 중요한 게 몸의 정남북축을 바로 세우는 것이다. 우리 몸의 정남방 백회百會(남창이궁離宮)와 정북방 회음會陰이 완전히 수직으로 딱 서야 된다. 엉덩이를 뒤로 빼고서 정좌를 하고 허리를 반듯하게 펴는 게 중요하다. 그래야 의지가 바로 서고, 정신이 흐트러지지 않고, 졸리지 않고, 잡념이 생기지 않는다. 몸과 마음은 일체관계다.

　생명은 살아있다. 살아있는 것은 음양이 춤을 추는 거다. 몸과 마음을 반듯하게 세우고 동적으로 움직이며 리듬을 넣어라. 주문을 읽으며 리듬을 넣어라. 상제님 말씀대로 엉덩이를 들썩들썩하며 "오장육부를 쿨렁쿨렁하게" 해야 한다. 리듬은 자기 몸의 정서에 따라 피로도에 따라 나오는 가락이 다 다르다. 아픈 곳이 있으면 자연스럽게 치거나 문질러가면서 하고 때로는 비비거나 주무르든지 하면서 자기 몸에 맞게 할 수 있다.

주문은 무궁한 천지조화를 받는 우주의 노래다

태을주의 '훔吽'은 우주생명의 핵, 근원, 대우주 조화성령의 핵심이다. '치哆'는 그와 일체, 한몸, 한마음이 되는 것을 말한다. 선천의 모든 종교와 동서고금의 모든 기도의 주제가 시천주 주문에 다 들어있다. 태을주하고 시천주 주문은 늘 체와 용의 관계다. 주문은 우주의 노래다. 주문은 하나님의 노래다. 세속의 어떤 명곡이라 해도 들을 때 조금 감성적으로 기분 좋고 감동을 주는 것이지 지속 되는게 아니다. 그런데 주문은 읽을수록 더 힘차고, 읽을수록 더 강건해지고, 읽을수록 더 영원한 기쁨을 얻고 영원한 생명을 얻는다. 무궁한 천지 조화 생명의 바닷 속에 쑥 들어가서 거기서 완전히 새로운 몸과 마음으로 태어난다. 진정한 깨달음을 얻고 인류 원형문화시대, 황금시절의 우주광명 인간으로 다시 태어나는 거다.

太乙呪

吽치吽치 太乙天 上元君 吽哩哆哪都來 吽哩喊哩娑婆訶

태을천 상원군 훔리치야도래 훔리함리사파하

◈ 내가 이 세상의 모든 약 기운을 태을주에 붙여 놓았나니 만병통치 태을주니라. (3편 313장)

◈ 만사무기萬事無忌, 만사여의萬事如意 하니 여의주如意珠 도수는 태을주니라. (9편 199장)

◈ 태을주를 읽는 것은 천지 어머니 젖을 빠는 것과 같아서 태을주를 읽지 않으면 그 누구도 개벽기에 살아남지 못하느니라. (6편 76장)

◈ 태을주는 본심 닦는 주문이니 태을주를 읽으면 읽을수록 마음이 깊어지느니라. 태을주를 읽어야 신도神道가 나고 조화가 나느니라. (11편 282장)

태을주 따라 읽기

天地津液呪
천 지 진 액 주

◈ 이 글은 천지의 진액이니라. (도전 3:221:4)

◈ 진액주 하나만 가지고도 천하를 세 번
뒤집고도 남는다. (도전 3:221:5)

신 천 지 가 가 장 세　일 월 일 월 만 사 지
新天地家家長世　日月日月萬事知

시 천 주 조 화 정　영 세 불 망 만 사 지
侍天主造化定　永世不忘萬事知

복 록 성 경 신　수 명 성 경 신　지 기 금 지 원 위 대 강
福祿誠敬信　壽命誠敬信　至氣今至願爲大降

명 덕 관 음　팔 음 팔 양　지 기 금 지 원 위 대 강
明德 觀音　八陰八陽　至氣今至願爲大降

삼 계 해 마 대 제 신 위　원 진 천 존 관 성 제 군
三界解魔大帝神位　願趁天尊關聖帝君

진액주 따라 읽기

수행 공부의 정법

◈하루는 상제님께서 성도들에게 말씀하시기를 "주문을
읽는 방법은 마음을 바르게 갖고 단정하게 앉아 성경신
을 다하면 되는 것이니라." 하시니라.
(9편 200장)

태전에서 도공道功전수 공사를 행하심

◈태전에 도착하시어 처소를 정하신 뒤 저녁 어스름 무렵
부터 성도들과 함께 띠자리를 깔아 놓고 주문을 읽으시
니라. 이윽고 상제님과 수부님께서 시천주주侍天主呪를 읽
으시며 "나나나나~" 하고 몸을 격렬히 흔드시다가 갑자
기 앉으신 채 공중으로 뛰어오르시거늘 성도들도 따라서
"시천주 조화정 영세불망만사지, 응아야 응아야~" 하다
가 기운이 솟구쳐 펄쩍펄쩍 뛰어 오르는데 그 때마다 수
부님의 치마가 머리 위까지 뒤집혀 펄럭펄럭하고 상제님
의 동곳이 상량보에 부딪혀 상툿고가 바서질 정도이더
라. (도전 5편 307장)

"도공은 천지의 정기精氣, 기氣의 핵核을 열어주는 것이다. 몸을 흔드는 것은 자기 본체의 기를 순환시키기 위한 것이다. 지기를 빠른 시간에 받기 위해 그런 것이다. 사욕을 버려 버리고 막사선莫思善 막사악莫思惡 하라. 나의 형상도 잊어버리고 나의 존재도 잊어버려라. 내 생각을 자연에 맡겨 버리고 그저 주문을 잘 읽어라."

❧ 안운산 태상종도사님 말씀 ❧

"도공이란 하늘에서 천지 조화성령이 일방적으로 내려오는 것이다. 하늘에서 상제님 태모님이 일방적으로 내려주는 은혜, 은총이 바로 도공이다. 누구도 참 마음을 가지고 하면 그 기운을 다 받게 된다. 병이 낫는 경계는 도공을 할 때 내 마음이 상제님과, 이 우주 천지와 하나가 되면 그 순간 기운이 들어와서 병이 그냥 낫는다."

❧ 안경전 종도사님 말씀 ❧

차례

빛의 인간으로 탄생

증산도 대학원 도생들의 우수 체험수기

몸과 마음의 치유

생활과 신앙의 혁신

가 있는 사례는 해당 페이지에서 QR코드를 통해
영상을 시청할 수 있습니다.

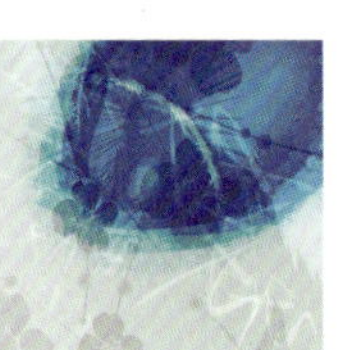

태을궁 수행 체험

빛의 인간으로 탄생

태을주는 심령心靈과 혼백魂魄을 안정케 하여 성령聖靈을
접하게 하고 신도神道를 통하게 하며 천하창생을 건지는
주문이니라. (도전 11편 180장)

6마리의 용이 날아와 여의주를 물고가

태전대덕도장 / 박자현(남, 11)

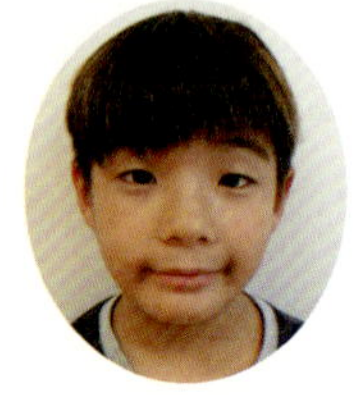

도공을 하는 중간에 갑자기 제가 하늘나라에 온 것처럼 하늘에 있는 구름에 앉아 있었습니다. 갑자기 눈 앞에 6개의 여의주 같은 것이 하늘에서 저의 눈 앞에 떨어졌습니다. 첫 번째 여의주를 들고 문질러 보았더니 처음에는 구슬크기에 주황색이던 여의주가 점점 커지며 금색으로 변했습니다. 그리고 그 여의주에 태을주가 새겨졌습니다. 그 여의주를 위로 던지니 용이 날아오며 여의주를 물고 갔습니다. 2번째 여의주도 첫번째와 같이 문질러주니 시천주가 새겨져, 위로 던지니 또 다른 용이 가져갔습니다. 3번째 여의주에는 운장주, 4번째는 칠성경, 5번째에는 개벽주가 있었습니다. 6번째에는 조금 달랐습니다. 5

개의 주문이 모두 새겨져 있었습니다. 그것도 하늘로 날
리니 황금색 용이 가져 갔습니다. 그런데 그 용의 얼굴이
상제님의 얼굴과 비슷하였습니다. 그랬더니 갑자기 저의
몸에 불이 붙었는데 방금 전에 황금 용이 저의 몸을 감싸
안으며 불을 꺼주고 사라졌습니다. 그 후 6마리의 용이
뭉쳐지며 하나의 큰 공이 되었는데 그 공에 한문으로 이
렇게 써져 있었습니다. '천지조화天地造化 태을주太乙呪'
그걸 보고나서 도공수행이 끝났습니다.

우주에서 도공하는 모습을 진지하게 내려다 봐

서울동대문도장 / 박미화(여, 46)

종도사님 서울 군령을 봉명하기 전에 건강이 좋지 않아 도공을 크게 내려받을 수 있게 해달라고 정성수행을 했습니다. 군령 1부 도공이 시작되면서 '지기금지원위대강至氣今至願爲大降'을 외우며 열심히 도공을 하는데 '도공 기운을 크게 내려주어도 몸이 그 기운을 감당을 못한다. 먼저 몸이 건강해질 수 있게 해라'라는 뜻이 떠올랐습니다. 욕심이 앞섰던 제 자신을 보게 되었고, 그 뒤로 종도사님 성음과 북소리에 집중하며 도공에 몰입 하게 되었습니다. 2부 도공이 시작되었고 어느 순간 천정이 없어지고 파랗고 환한 하늘이 펼쳐졌습니다. 파란 하늘이 둥글게 원으로 바뀌면서, 조금 멀어지며 지구가 되었고 신단 위의 상제님, 태모님, 태사부님, 단군성조의 어진이 우주에 꽉 차면서 작은 공 같은 지구에서 도공을 하고 있는 저희들을 진지하게 내려다보고 계셨습니다. 파란색 하늘이 커다란 물기둥이 되면서 성도님들의 몸을 한사람씩 휘감으며 소용돌이 쳤습니다. 도공이 빨라지자 신단 앞에 종도사님이 계신 곳에서 새빨간 불덩어리가 점점 커지며 전체를 가득 메웠는데, 태양의 이글이글 타는 검붉은 불이었습니다. 마지막 도공이 마무리 될 때는 바람 한 점 없이 조금의 일렁임도 없는 아주 고요한 수면위에 앉아있었는데 너무 편안했습니다. (2015년 5월 31일)

파란 색의 둥근 빛이 가슴으로 들어와

홍성대교도장 / 김명옥(여, 72)

종도사님께서 열어주시는 도공에 맞추어 도공을 시작하는데 얼마 지나지 않아서 북소리에 몰입이 되었습니다. 갑자기 파란색의 둥근 빛이 눈앞에 나타나더니 가슴 명치 부근으로 그 기운이 들어왔습니다. 가슴 부분이 시원해지기 시작하면서 도공에 더욱 몰입을 하게 되니 그 기운이 점점 위로 올라오기 시작했습니다. 얼마 후에는 머리 끝까지 그 기운이 올라 왔습니다. 머리가 시원해지고 맑아지는 느낌이 들었습니다. 동시에 백회가 열리는 듯한 느낌이 들면서 천지와 하나됨을 체험하게 되었습니다. 도공이 끝났어도 그 기운이 그대로 남아 있어서 몸이 개운하고 정신이 아주 맑으며 기분이 상쾌하였습니다.

밤하늘에서 하얀 실 같은 끈이 내려와 머리에 꽂혀

대구수성도장 / 김자영(여, 48)

체험 발표 영상

종도사님의 대구지역 순방군령에 참석하였습니다. 도훈말씀과 도공이 시작되었습니다. 주문 속도가 느려 주문을 좀 빨리 읽으면 좋겠다는 생각을 했는데 주문의 속도가 빨라지기 시작했습니다. 흥이 나면서 온 몸에 기운이 돌기 시작했습니다. 기운이 돌 때 몸이 전기가 통하듯이 찌릿찌릿해졌습니다. 어느 순간 눈을 뜬 것처럼 앞이 환해지면서 물체가 보이기 시작했습니다. 성전이 보이고 흰 두루마기 한복을 입은 한 노인이 상제님 어진 오른쪽에서 고개를 숙이고 공수 자세로 서 계셨습니다. 태사부님께서는 사부님께서 앉으신 자리에서 왼쪽으로 신단 앞 끝자락에 서서 우리 신도들이 도공하는 모습을 바라보고 계셨습니다. 이어서 제가 앉은 자리에서 1시 방향으로 천정에 지름 1m 크기의 원이 생겨났습니다. 열린 원은 마치 밤하늘을 보는 것 같았습니다. 밤하늘에서 하얀 실 같은 가느다란 끈이 내려와 저의 머리에 꽂혔는데 꽂힐 때는 새끼 손가락 굵기의 투명색 고무관으로 바뀌었습니다. 제가 도공을 한다고 머리를 돌리면 고무관도 함께 돌았습니다. 구멍이 뚫린 밤하늘에서는 선녀가 잠자리 날개 같은 옷을 입고 원 주위를 돌며 춤을 추고 있었습니다. 선녀와 저 그리고 사부님의 도공 주문 소리가 하나가 되어 신나고 즐거웠습니다. 제가 선녀에게 누구시냐고 물으니 대답은 없고 춤만 계속 추었습니다. 그리고 새끼 손가락 굵기의 고무관이 점점 크지면서 고무관이 아닌 노란색의 광채가 나는 기운으로 변하였습니다. 그 기운이 제 몸집보다 더 큰 굵기로 내려와 제 몸을 다 감싸고 있었습니다. 그리고 저는 제 몸에서 빠져나와 저의 몸 뒤에서 제 몸을 바라보고 있었습니다. 감싼 기로 인해 저의 몸 형체가 흐릿하게 보였습니다. 한 주간 아팠던 제 몸이 도공을 통해 크게 회복이 되었습니다. (2015년 5월 20일)

파란빛이 푸른용으로 바뀌어 인당에 들어와

광주상무도장 / 이동철(남, 48)

　　종도사님께서 창원명서도장 도공 순방을 하실 때였습니다. 종도사님께서 처음 지기금지원위대강을 하실 때는 몰입이 아주 잘 되었습니다. 앞에서 갑자기 파란빛이 보이면서 그 빛이 가까이 오더니 푸른용으로 바뀌어 저의 인당으로 세 번 들어 왔습니다. 그 후로 인당이 뜨겁고 화끈 화끈 하여 꼭 인당이 불에 덴 것 같았습니다. 다음에 사부님께서 태을주 도공을 하실 때는 사부님의 성음에 집중하여 따라 하다가 사부님께서 마지막 5분 남았다 말씀하셨을 때 미륵부처님이 보였고 그 색은 황금빛을 발하며 그 옆 주변에는 불꽃이 타는 듯 이글이글 거리고 부글 부글 타는 것처럼 보였습니다. 그러다가 하늘에서는 붉은 보라색이 보이고 그 가운데에서 푸른 하늘처럼 밝은 기운이 하늘로 빨려 들어 가는 것을 보았습니다. (2015년 6월 27일)

머리에 뿔 달린 투구를
쓴 장군신명이 나타나

광주상무도장 / 유훈성(남, 45)

　　종도사님의 주문 구령에 맞춰 도공을 시작하였습니다. 영靈으로 신단 쪽을 보니 종도사님이 계신 오른쪽 소파에 태상종도사님이, 왼쪽 소파에 도모님이 앉아 계셨습니다. '지기금지원위대강' 주문을 읽을 때에는 신명이 양동이에 담긴 금동전을 여러 번에 걸쳐 저에게 계속 뿌려주었습니다. 얼마 후에 태상종도사님이 오셔서 "열심히 해! 이놈아~."라고 말씀하셨습니다. 종도사님께서 도공주문을 '삼계해마대제신위'로 바꿔서 할 때 신단을 보니 갑옷을 입은 장군신명이 종도사님 옆에 서 있었습니다. 얼마 후 '악귀잡귀금란장군' 도공 시에는 다른 갑옷을 입은 장군이 나타났습니다. 머리에 뿔 두 개 달린 투구를 썼는데 머리에서 '찌지직 찌지직' 하는 전기 스파크가 나오는 투구를 쓴 장군신명이었습니다. 지난번 종도사님께서 광주 상무도장에 오셔서 '악귀잡귀금란장군' 도공을 할 때도 그 신명이 보였습니다. 종도사님 옆에 서 있는데 그 위엄이 보통 장군과는 비교가 안되는 대단한 모습이었습니다. 마지막으로 태을주 도공을 하는데 신명이 양동이에 물을 담아서 뿌려주었습니다. 물이 몸에 닿는 순간 몸이 정화되는 느낌, 깨끗해지는 느낌이 들었습니다. 또 신단 위에서 폭포수 같이 물이 신도들한테 계속 내려왔습니다.

분 후에는 하얀 빛이 백회를 통해 들어와서 온몸에 들어차는 걸 느꼈습니다. 제 몸이 하얀 밝은 빛으로 변했습니다. 다시 시간이 지나고 어떤 신명이 금으로 장식된 큰 대도大刀를 두 손으로 예를 갖추며 저에게 주었습니다. 두 손으로 받고 보니 어느새 제 왼쪽 허리에 채워져 있었습니다. 군령 때 도공을 하면 천지에서 큰 신명들이 기운을 내려주고 정성에 따라 신명들이 응기하는 것을 몸으로, 영으로 체험하는 시간이었습니다. 종도사님의 큰 은혜에 보은하는 천지일꾼이 되겠습니다. 보은! (2015년 1월 18일)

"내가 정말
올바른 길로 왔구나!"

청주흥덕도장 / 하재명(남, 26)

　　2015년 3월, 각 대학교에서는 동아리 회원 가두모집이 한창입니다. 저희 청주흥덕도장 대학생 일꾼들은 4월 청주 환단고기 북 콘서트와 증산도학생회 동아리 회원모집이 잘 될 수 있도록 함께 정성수행을 아침마다 실시하였습니다. 도장에서 오전 10시에 모여 배례를 드리고 각 주문을 3독씩 읽고 태을주를 읽었습니다. 3월초 어느 날이었습니다. 그날도 열심히 수행을 하는데 마음이 하나로 집중되고 기운이 영롱하게 뭉치는 느낌을 받았습니다. 눈은 감았지만 눈앞이 밝아지고 칠흑 같은 바탕에 가운데 태양처럼 빛나는 이미지를 보았습니다. 황금빛 속에 빛나는 길이 있었고 그 길 끝에는 상제님의 손과 새하얗게 빛나는 영체가 우리 성도님들을 맞이하고 있었습니다. 황금길 중간중간 철창문으로 막힌 칠흑빛 길마다 사람들이 한 줄로 서서 철창문을 열어주기를 기다리고 있었습니다. 황금길로 들어온 사람은 감사와 감격의 눈물을 흘리고 있었습니다. 칠흑빛 길도 못 찾은 사람들은 코앞도 보이지 않는 어둠에서 어디로 갈지를 몰라 갈팡질팡하고 있었습니다. 하나님의 빛을 보았을 때 느낌은 전기가 없는 시골 밤하늘의 보름달보다 더 영롱해서 보고만 있어도 거룩해지고 숙연해지는 느낌이었습니다. 우리를 맞이하는 상제님의 손길은 봄날의 태양빛처럼 따스하게 느껴졌습니다. 우리 성도님들은 은은하게 빛을 내고 있는 모습이고, 줄지어 기다리는 사람들을 하나하나 황금길로 끌어당기고 있거나 철창문을 열어주거나 이야기하고 있었습니다. 저는 어렸을 때부터 하나님께 올바른 길로 나아가게 해달라고 기도했습니다. 그런데 수행을 하면서 이 장면을 보고 '내가 정말 올바른 길로 왔구나' 하고 느껴졌습니다. 그러면서 살릴 사람이 많다는 것과 방황하는 사람이 많다는 것을 깨달았습니다. 이 글을 쓰면서 다시 한번 감사드립니다.

물안개 속에 있는 듯
몸이 나비처럼 가벼워져

당진읍내도장 / 백승순(여, 47)

　도공을 처음 시작했을 때 종도사님 성음과 북소리에 깜짝 놀라면서 제 가슴에 성음과 북소리가 박히는 듯했습니다. 손을 흔들며 도공을 하는데 손목이 끊어지는 것처럼 아프고 어깨까지 빠질듯 아팠습니다. 그래도 이를 악물고 종도사님 성음에 맞추어 온몸을 흔들었습니다. 그러던 중 안개에 싸인 모습처럼 눈앞이 환해지면서 머리까지 온통 물안개 속에 있는 듯하고 몸이 아주 가벼워지면서 나비가 된 느낌이었습니다. 양손과 머리 위쪽으로 팔을 움직일 때마다 아주 무거운 하얀 구름인지 안개인지 무언가를 들고 있는 느낌이었지만 하나도 무겁진 않은데 내려놓을 수가 없었습니다. 양손에 힘을 주지도 않았는데 손을 벌려서 받치게 되는 것이었습니다. 그 느낌이 이상하기도 하고 신기하기도 해서 인상을 쓰면서 도공을 하기도 했는데 온몸을 움직일 때마다 시원한 산들바람이 불어서 기분이 아주 상쾌했습니다. 또 정수리 부분에 찌릿찌릿한 느낌이 들면서 기운이 뭉쳐 같이 움직였습니다. 도공을 마치고 마지막 태을주를 읽을 때는 사이다를 흔들었을 때 기포처럼 발끝에서부터 머리 위쪽으로 기운이 쭉 빠져 나갔습니다. 온몸이 너무 시원하고 기분이 개운해서 가슴이 벅차도록 기뻤고 그 여운이 쉽게 가라앉질 않았습니다. 도공을 마치고 차 운전을 하고 돌아와 잠을 자고 새벽에 일어났는데 신기한 체험을 했습니다. 아침마다 얼굴 등 몸이 부어서 얼음 마사지를 했었는데 부기가 싹 빠져서 온몸이 가벼웠습니다. 그래서 남편보고 얼굴이 어떤지 봐달라고 하니까 부기도 없고 혈색이 좋다고 했습니다. 도공을 내려주신 종도사님 은혜에 감사드리며 보은하는 일꾼신앙을 하겠습니다. (2015년 7월 1일 공주신관도장에서)

붉은 황혼이 깃든 대지에 말과 함께 뛰어

동해천곡도장 / 김승종(남, 52)

　오늘은 종도사님께서 지난번과는 다른 도공을 내려 주시겠다는 말씀을 하셨습니다. '지기금지원위대강' 이라는 주문을 종도사님의 성음을 따라 열심히 읽으며 도공을 하였습니다. 시간이 지나자 영이 열리면서 파도가 넘실대는 바다가 보였습니다. 그러다가 태을주 도공으로 바뀌자 넓은 갈대같이 키가 큰 풀이 우거진 대지 위에 붉은 황혼이 깃들고 그 위에 흰 구름과 약간 회색빛의 구름이 드문드문 피어 있었습니다. 그 곳에서 말과 하나 되어 달리고 있는 저를 발견하였습니다. 그렇게 한참을 달렸는데 어느 순간 말은 혼자 먼저 저 앞에서 달려가고 멀찍이서 자꾸 뒤돌아보았습니다. 열심히 말을 쫓아 숨을 헐떡이며 뛰어

가면서 저 역시 뒤돌아보니 많은 성도님들이 뒤따라 뛰어
왔습니다. 그러는 사이 대초원 지평선 저 너머로 붉은 노
을이 서서히 지기 시작하면서 도공이 끝났습니다.

태양처럼 밝은 빛 속에서 상제님의 성음이 들려

부산가야도장 / 서춘자(여, 71)

　‘지기금지원위대강’을 외우며 도공에 들어갔는데 몇 분 지나지 않았을 때였습니다. 상제님을 따르던 당시 성도님들이 모여 앉아 공부를 하고 있는 모습이 보였습니다. 성도님들은 보이는데 상제님은 안 보여서 너무 아쉬운 마음에 상제님을 뵙고 싶다는 간절한 마음이 들었습니다. 제가 성도님들한테 “상제님의 성도들은 이렇게 다 모여 계신데 왜 상제님은 안 보이십니까?” 하고 물어보니 모두 조용히 침묵만 지켰습니다. 제가 궁금하고 아쉬워서 또다시 물어보니 갑자기 동그란 달이 보였습니다. 달 주위 테두리에 전기불이 켜지듯이 동그랗게 빛으로 감싸이며 아주 환한 광명으로 비추어지더니 하늘이 나직해지는 것이었습니다. 저는 그 빛이 태양처럼 밝아져서 똑바로 못 보고 엎드렸습니다. 그때 "내가 상제니라" 하시는 상제님의 말씀이 들렸습니다. 이후 도공을 하면서도 '나는 상제님을 뵈었다'는 생각에 기쁨이 벅차올라 만세를 부르고 싶었습니다. 이번 도공체험을 통해 "나는 천지일월이니라" 하신 상제님의 말씀을 분명히 깨닫게 되었습니다. (2015년 8월 26일)

대우주 바다에 떠 있는 태양을 받드는 도공

부산중앙도장 / 이호상(남, 20)

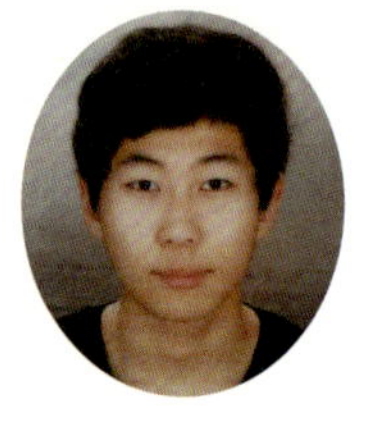

처음부터 격렬히 도공을 하다가 오른쪽에서 여성 분들이 '지기금지원위대강'을 크게 외치는 소리를 들었습니다. 그 때 메마른 땅에서 엄청난 군사들이 정렬하여 깃대를 들고 함성을 지르는 모습이 보였습니다. 제가 병사들의 제일 앞줄에 앉아 있어 제가 소리를 적게 하면 뒷사람들이 기가 죽을까봐 소리를 더 크게 했습니다. 그 병사들은 영화에서 보는 것처럼 몇 만 명인지 헤아릴 수 없을 정도로 엄청 많았습니다. 사극영화에서 전쟁을 하는 그런 느낌이었습니다. 도공 하다가 앞을 봤는데 신단 앞에 앉아 계신 종도사님께서 빛나는 황금색 갑옷을 입고 투구를 쓰고 계셨습니다.

　태을주 도공을 할 때는 제가 우주의 어떤 행성에 혼자 앉아 있었습니다. 밤하늘이 이쁘고 별도 많았는데, 그 행성은 자세히 보니 파란색의 행성이었고 많은 별들로 보인 곳은 자세히 보니 우주가 아니라 바다였습니다. 머리 위의 바다가 끝이 보이지 않을 정도로 우주 끝까지 펼쳐져 있었습니다. 제가 행성 위에 앉아 있었고 저의 머리 위에는 바다가 있었던 것입니다. 그리고 제가 아까 봤던 행성은 제가 앉아 있던 행성이 물에 비쳐진 것이었습니다. 마지막에는 바다에 태양이 떠 있는 게 보였습니다. 태양이 엄청 큰데 둥글게 보이는 게 아니라 평평한 평지로 보였습니다. 손을 높이 들어 태양을 받드는 도공을 했습니다.

(2015년 8월 26일)

"별 모양 기운이 사람들
몸 속으로 쏙 들어갔어요"

인천주안도장 / 옹수완(여, 11)

대천제에 참석하기 위해 증산도 교육문화회관에 들어
서는데 100명도 넘는 갑옷 입은 신장들이 지키고 있었어
요. 출입구를 지키는 신장들은 밖을 보고 있었고 안을 지
키는 신장들은 안을 보고 있었어요. 태을궁 안에도 신장
들이 많이 있었어요. 출입문마다 신장들이 서 있었어요.
어린이 교육장에서 도공을 하는데 별모양이 바닥에서 뽕
하고 나타나서 도공하는 사람들 주위를 빙글빙글 돌았습
니다. 그 별 모양이 도공을 하는 사람들의 몸속으로 쏙 들
어 가니까 사람들 몸이 1초 정도 투명하게 바뀌었다가 다
시 원래 몸으로 바뀌었습니다. 그리고 저는 도공을 할 때
손을 살살 흔드는데 어느 순간 몸동작이 커지면서 손이

빠르게 움직여졌습니다. 그러는 중 발 주위에 노란색 기운이 동그랗게 모이면서 발목으로 들어갔는데 싸한 느낌이 났습니다. 이후로 발 아프던 것이 많이 나아졌습니다.

(2015년 11월 29일 대천제)

신의 세계를 체험하다

태모님께서 종종 성도들에게 말씀하시기를 "태을주를 많이 읽어라." 하시고
"태을주는 본심 닦는 주문이니 태을주를 읽으면 읽을수록 마음이 깊어지느니라." 하시니라.
또 말씀하시기를 "태을주를 읽어야 신도神道가 나고 조화가 나느니라." 하시니라. (도전 11편 282장)

주체할 수 없는 강한 기운에 몸을 맡기고

구미원평도장 / 이권환(남, 34)

부산 광안도장에서 종도사님께서 도공전수를 하시는 것을 인터넷 방송으로 받들었습니다. 종도사님께서 '지기금지원위대강'을 주문으로 도공을 시작하실 때 기운이 엄청나게 내려오는 것을 몸이 느끼고 있었습니다. 도공을 하는 중 신안이 열려 신단을 보니 반짝이는 수많은 은백색, 파란색의 불빛들 뒤로 용포를 입으신 상제님, 태모님, 태사부님, 태사모님께서 환하게 웃고 계셨습니다. 그리고 흰옷을 입은 열 분 전후의 신명들께서 기운을 주시는 듯 서 계셨습니다. 뒤이어 스크린을 통해 종도사님께서 황금색의 용포를 입으신 모습도 보았습니다. 종도사님의 성음에 얼마나 기운이 강하게 내려오던지 정말 몸을 가눌 수가 없어 일단 손바닥으로 내리치는 데만 집중했습니다. 급기야 온몸에 열이 나면서 손바닥이 너무 아팠지만 주체할 수 없는 기운에 몸을 맡겼습니다. 또한 조상님들께서도 같이 도공을 하시는 모습을 보았고 유달리 강력한 기운에 눈물이 나려고 했습니다. 저희 조상님들도 웃으시며 "지금은 많이 바쁘겠지만 지금까지 해온 것처럼 부지런히 열심히 하거라. 좋은 일들이 있을 게다. 다 잘될 게야." 하시면서 웃으셨습니다. 도공이 계속 이어지면서 자동적으로 일어선 후 몸을 격렬하게 흔들었습니다. 몸에서는 열이 나고 온몸이 따가웠지만 오히려 너무나 상쾌하고 말로는 표현 할 수 없는 상태였습니다. 그리고 도공 중 소량의 담痰이 목에 걸렸는데 어디선가 "얼른 뱉고 와라" 하신 말씀에 급히 뱉고 오는데 도공이 끝났습니다. (2015년 8월 16일)

세 분이 함께
너울너울 춤추어

부산광안도장 / 허학자(여, 75)

 몇 년 전부터 태을궁 대치성을 참석하면 전 세계의 군대가 함께 참여하는 모습이 보였습니다. 희한한 것은 독일 군대는 태을궁에 들어오는데 일본 군대는 못 들어왔습니다. 일본을 대표하는 신명 3명이 과거사에 대한 사죄를 할 것인가 말 것인가에 대해 토의를 하고 있었습니다. 이때 두 명은 사죄하면 안된다고 했고 한 명은 사죄를 해야 한다 하였습니다. 얼마 후 신장神將들이 나타나서 사죄할 수 없다고 하던 두 신명을 몽둥이로 패면서 끌고 가는 장면이 보였습니다. 작년 10월 12일 상제님 성탄치성 때는 박정희 대통령이 보였습니다. 족두리를 하고 자주색 옷을 입은 선녀들이 강강술래를 하는 와중에 TV에서 자주

보였던 정장을 입은 박정희 대통령과 미색 계통의 한복을
입은 육영수 여사께서 나타나셨습니다. 치성이 끝나고 보
좌에 앉으신 상제님께서 퇴청하실 때 박 대통령과 육 여
사가 교자輸子를 타고 바로 뒤를 따라 함께 가셨습니다.
치성 후 도공수련을 할 때에도 상제님과 태상종도사님,
박정희 대통령과 육영수 여사께서 다 오셨는데 태상종도
사님과 육 여사가 너울너울 춤을 추시다가 두 분이 박 대
통령도 함께 추자고 이끌어서 세 분이 함께 춤을 추시는
광경을 보았습니다. (2015년 5월 14일)

신단 앞에서 벌거숭이가 되다

대구대명도장 / 오현수(남, 53)

도공을 하는 도중 한줄기 섬광이 번쩍 일어났다가 사라지곤 했는데 그때 저의 의식이 제 몸을 저절로 일으켜 세웠습니다. 저는 제 자신을 보고 있었는데, 벌거숭이가 된 제가 상제님 어진 앞에 서있었습니다. 양팔을 벌리고 어린이가 아버지에게 가듯이 그렇게 다가가고 있었습니다. 그때 상제님께서 발을 한 발짝 떼시며 저를 감싸 안아 주셨습니다. 그 순간에 태모님은 태평무를 추고 있는 모습이 비쳐졌습니다. 또 다시 한줄기 섬광이 비치고 저의 입에서 흰 연기가 쑥 나오더니 그 빛을 따라 회오리가 감기듯이 우주 어디론가 빨려 들어갔습니다. 그 빛이 저를 하늘세계 여기저기로 데리고 다녔는데, 도공 중이던 저는

어느 곳에서 '아, 여기가 내 영혼의 고향 칠성이구나!'
하는 생각이 들었습니다. 또 저는 우주공간에서 지구를
바라보았습니다. 저에게 보여진 지역은 중국 같기도 하
고 중동지역 같기도 하였습니다. 더 자세히 보이는 광경
은 죄수들처럼 잿빛 옷을 입은 까까머리 사람들이 눈물을
흘리며 웅성거리고 있었습니다. 그때 두 대륙이 갈라졌
다가 합쳐지고 용솟아 오르기를 몇 차례 반복하더니 울며
웅성거리고 있던 사람들이 땅속으로 쑥 꺼져 버렸습니다.

(2015년 7월 20일 대구순방)

"어찌 그리도 망령된 소리를 하는거냐!"

대구강북도장 / 권기석(남, 41)

처음 도공을 할 때부터 참회의 기도로 시작하였습니다. 어느 순간 주위가 조용해지면서 제가 폐허가 되어가는 골목길을 걸어가고 있었습니다. 갑자기 뒤에서 고함소리가 들려서 뒤돌아보았더니 사람들이 넘어지면서 죽어가는 것을 보았습니다. 처음에는 '이건 꿈이야, 이건 잘못된 생각이야.'라고 생각하며 눈을 뜨려고 하였으나 아무리 노력해도 눈이 떠지지 않았습니다. 그러면서 주위는 더 급박해져 제 옆을 지나서 앞쪽에 있는 사람들도 도망가며 넘어지는 것이었습니다. 그 순간 하늘을 쳐다보니 신장들이 날아다니며 사람들을 치고 있었습니다. 저는 무서워 몸을 떨면서 도장을 생각했습니다. 그랬더니 제가 도장 문을 지나 조상신단에 가서 빌고 있었습니다. "조상님 너무 무서워요. 살릴 방법이 없으면 차라리 죽여주세요." 이런 말을 마치자 갑자기 조상신명이 나타나서 몽둥이로 저를 무섭게 때리셨습니다. "우리가 너를 내려보내기 위해서 얼마나 노력을 하고, 너 또한 천지에 다짐을 하고 내려왔는데 어찌 그리도 망령된 소리를 하는 게냐?" 이렇게 꾸지람을 들은 후 저는 어찌하면 살릴 수 있는가를 여쭤보았습니다. 조상신명께서는 "이제껏 네 스스로 신앙의 틀이 안 되었으니 속히 배워야 할 것이야." 하고 가셨습니다.

그 때부터 전 도공이 끝날 때까지 "살리고 싶어요. 살리고 싶다고요……"라는 소리를 내며 기도를 했습니다. 도공이 끝나고 집으로 오면서도 몸은 피곤한데 머리는 상당히 맑음을 느낄 수 있었습니다. 큰 기운 내려주신 상제님과 태모님, 태상종도사님, 종도사님께 깊이 감사드립니다. 보은! (2015년 7월 20일 대구순방)

시두 신명 셋이 찾아오다

당진읍내도장 / 박종임(여, 48)

저는 늘 집에서 아침, 저녁 수행을 빼놓지 않고 하고 있고 저녁에는 도공수행을 일년 365일 매일 하고 있습니다. 중간중간에 주과포 치성을 자주 올리고, 풀리지 않는 일이 있을 경우 태모님께 편지를 장문으로 써서 천단에 올리고 기도한 후 소지를 하고 있습니다. 평소 수행과 도공을 통해 여러 체험들을 했었는데, 메르스MERS 사태가 오기 약 3주 전쯤에 체험한 내용을 들려드리고자 합니다. 종도사님께서 도공을 내려주실 때 도장에서 도공을 하고 있었습니다. 도공 시간 중심부에 다다랐을 즈음 잘 정돈된 바랜 흰책처럼 보이는 현대식 복장을 한 여성 세 분이 오셨습니다. 무섭게 보이지는 않았지만 장군들한테서 풍기는 기운이 느껴지는 중년 여성분들이었습니다. 보통 키에 머리는 올림머리 비슷하게 풍성히 잘 가다듬었고, 바지 같은 치마를 입고 있었습니다. 저는 조상님이 오셨구나 생각하고 말은 하지 않은 채 고개를 숙여 인사를 드렸습니다. 앞쪽의 여성분은 저를 쳐다보고 계셨고 약간의 간격을 둔 뒤의 두 분은 고개를 계속 숙이고 계셨습니다. 저를 쳐다보며 무슨 말씀을 하려고 하면서도 침묵하는 그 분들을 보면서 "누구신지요?"라고 제가 물었습니다. 그래도 아무 말 없이 바라보기만 하셨습니다. 제가 재차 여쭸습니다. "대체 누구시기에 말씀을 안 해주십니까?"라고 했더니 "우리는 무서운 사람들이다."는 대답이 돌아왔습니다. 그런데 제가 보기엔 그분들의 모습이 잘 정돈된 예쁘장한 모습들이었기에 믿지 않았고 살짝 웃으면서 "에이, 아름다운 모습을 하신 분들이 뭐가 무서워요~~"라고 얘기했더니 제 앞에 있는 한 분이 저를 뚫어져라 바라보며 "우리는 시두신명이다."라며 위엄 있고 강력한 어조로 말하였습니다. 메시지를 전하려는 표정이었는데 왜 못 알아보느냐 하는 느낌이 들었습니다. 그 순간 저는 놀라면서 도공을 멈추게 되었습니다. 조금 뒤 바로 전체 도공이 끝났습니다. 도공을 마치고 나서 야! 큰일이다. 이 세상 사람들을 다 살려야 하는데……하면서 걱정이 태산을 이루었습니다. 그 이후 포교활동에 좀 더 적극적으로 나서게 되었습니다. 이 체험을 하고 나서 걱정이 되어서인지 몸무게가 2킬로그램이 빠졌습니다.(2015년 7월 1일 공주도장에서 발표)

정성수행 중 스님과 나눈 대화

원주우산도장 / 이강해(남, 55)

49일 정성수행 중 24일차 도공수행을 시작하면서 희미하게 어떤 형상이 보이기 시작하였습니다. 계속 수행을 하면서 또렷한 얼굴 형상이 나타났는데 의자에 앉아있는 스님이셨습니다. 저를 보더니 밝게 웃으면서 하얀 이를 드러냈는데 순간 위 앞니가 하나 사라지면서 '도道'라는 글자가 3m쯤 전방 상단에 자리하며 저에게 물음을 던지고 있다는 느낌이 들었습니다. 그래서 저는 "자연의 섭리입니다." 라고 대답하고 바라보았습니다. 스님은 밝고 맑게 웃으면서도 응답이 없었습니다. 저는 연이어 "우주변화원리, 진리"라고 외쳤습니다. 그러나 전과 동일하게 해맑은 웃음으로 바라볼 뿐이었습니다. 순간 저는 증산도가 아닐까라는 생각에 "증산도입니다." 라고 답했습니다. 그제서야 입을 다물고 고개를 끄덕였습니다. 저는 궁금해서 "누구십니까?" 라고 여쭈어보았습니다. 스님은 "진묵이니라."라고 대답하였습니다. 수행을 마치고 집에 가서 진묵대사震默大師 영정을 찾아보니 수행 때 봤던 모습과 입고 있는 옷이 똑같았습니다.

더벅머리 신명이
머리에서 빠져나가

의정부도장 / 강순태(남, 63)

　도공 중 어깨와 머리에 진동이 오면서 가슴으로부터 무겁고 탁한 기운이 한곳으로 몰리기 시작했습니다. 동시에 머리가 전후좌우 90도로 꺽어지면서 격심하게 진동이 있고난 후, 저와는 다른 모습을 한 1.5~2배 크기의 더벅머리 신명이 저의 머리에서 빠져나가는 것을 느꼈습니다. 더벅머리 신명이 빠져 나가면서 머리가 격렬하게 흔들리는 진동이 멈추었고 마음이 후련해지고 머리가 맑아지고 감격의 눈물이 흐르면서 동시에 기쁨의 웃음이 나왔습니다. 그리고 이제는 다 되었다는 생각과 함께 십수 년간 잃어버렸던 자신감이 용솟음치며 과거보다 더 잘할 수 있다는 마음이 가득해지면서 도공을 마쳤습니다. (2015년 7월 19일)

척신과의 힘겨루기에서 이기는 것이 느껴져

군산조촌도장 / 곽명근(남, 27)

요즈음 과로에 의해 몸이 많이 좋지 않았습니다. 그냥 안 좋은 것이 아니라 가슴과 배 어디쯤에서 탁한 기운이 뭉쳐있고 뭔가 안 좋은 기운이 온몸을 감싸고 있는 것이 느껴졌습니다. '오늘 내가 이것을 끌러내리라.' 는 마음을 먹고 북소리에 맞춰 박자를 타며 '지기금지원위대강' 을 힘차게 외치고 나갔습니다. 눈을 지그시 감으니 처음엔 앞이 컴컴하다가 갑자기 어딘가로 빨려가듯이 환해졌는데 잡생각이 들 수 없는 어떤 경계로 접어든 것 같았습니다. 한참 신명나게 몸을 흔드는데 내 몸 바로 왼쪽에 사람의 형체를 한 검은 그림자가 앞을 보고 서 있더니 급기야 몸을 비틀어 내 얼굴을 내려다보았습니다. 순간 몸이 오싹해졌습니다. 그리고 나서 바로 알게 되었습니다. 지금 내 몸을 감싸고 있는 탁하고 먹구름 같은 먹먹한 기운이 신명이라는 것을... 척신인지 뭐인지는 알 수 없었지만 이것을 몰아내자는 마음으로 더 힘차게 주문을 읽고 몸을 흔들었습니다. 순간 환했던 시야가 다시 어두컴컴해지며 검은 형체도 보이지 않게 되었습니다. 다시 환하게 되길 바라며 도공을 하는데 갑자기 잠이 쏟아졌습니다. 누군가 계속 의도적으로 의식을 흐트러뜨리는 게 느껴졌습니다. 안되겠다 싶어 무릎을 꿇고 자세를 바로잡아 주문소리로 때리듯이 리듬을 탔습니다. 한참 집중해서 하니 검은 형체의 의도적인 손길이 조금씩 약해지며 내 기운이 힘겨루기에서 이기고 있는 게 느껴졌습니다. 거의 다 이겼다고 느꼈을 때 꽉 쪼이고 있는 무언가가 확 풀어지며 다시 환한 세상으로 빨려 들어갔습니다. 다시금 그 경계에 들어가니 피톤치드 숲에서 누워있는 듯 너무 상쾌해졌습니다. 앞을 보니 띄엄띄엄 앉아있는 성도님들의 대각선 방향 빈 공간에 신명들이 앉아있는 게 보였는데 셀 수도 없을 만큼의 머리가 도장을 가득 메우고 있었습니다. (2015년 7월 29일 전주덕진도장 순방)

하얀 수염의 할아버지가 보여준 완전한 사랑의 미소

부산동래도장 / 김주리(여, 28)

　'지기금지원위대강'을 외울 때 소리에 집중하며 도공을 하고 있는데 갑자기 눈앞에 한 장면이 펼쳐졌습니다. 제가 먹물이 담긴 그릇에 손가락을 찍어서 큰 흰 종이에 무언가를 열중해서 그리며 표현하고 있었습니다. 제가 얼굴도 옷도 먹투성이로 지저분했는데 하얀 수염이 보여서 고개를 들었습니다. 그러자 흰 한복에 배꼽 위까지 하얀 수염을 기르신 할아버지가 빙긋 웃으시며 저에게 "어이구, 잘하네!" 하시는 것이었습니다. 완전한 사랑을 받는다는 것이 무엇인지를 느끼게 해준 정말 따뜻한 말 한마디였습니다. 제가 뭘 하고 있든 항상 곁에서 지켜보고 계셨다는 느낌이 들었습니다. 제게 보여준 그 미소는 생전 느껴보지 못한 따뜻함을 주었습니다. 평소 수행할 때 제가 겁이 많아서 '혹시 나타나신다거나 하지는 말아 달라'고 철부지처럼 기도했던 것이 떠올라 진심으로 죄송했습니다. 도공이 끝나고 나자 '이 우주에서 이토록 완전한 사랑을 모든 사람들이 받고 있겠구나' 하는 생각이 들었습니다. 그래서 포감님과 함께 조상님과 나를 위한 감사와 참회배례를 꼭 드리자는 약속을 하였습니다. 태을주 도공을 할 때에는 주변이 너무 뜨거운데 부드러운 물속에 잠긴 것처럼 춤을 추고 온몸을 가볍게 두드렸습니다. 저 혼자 다른 세상에 빠진 느낌이었습니다. 태을주 도공 시 '만병통치'라는 의미가 떠오르면서 몸이 아픈 것과 함께 평소 가졌던 심적 스트레스도 부드럽게 풀어준다는 느낌을 받았습니다. 끝나고 나자 기분이 굉장히 상쾌해서 얼굴에 계속 미소가 걸렸습니다. 앞으로 천지조화 도공 은혜에 보답할 수 있도록 열심히 하겠습니다. 보은! (2015년 8월 26일)

할아버지께서 아픈 다리를 치료해 주셨어요

인천주안도장 / 옹수완(여, 11)

2015년 여름에 걷다가 다리를 삐어서 깁스를 대고 목발을 짚고 다닌 적이 있었습니다. 어느 날 밤 꿈에 돌아가신 외할아버지께서 오셔서 아픈 다리를 주물러 주셨습니다. 그 다음 날은 외할아버지와 친할아버지께서 오셔서 아픈 다리를 만져주셨습니다. 또 그 다음 날은 외할아버지와 친할아버지와 다섯 분이 함께 오셔서 아픈 다리를 만져주셨습니다. 이후 다리가 완쾌되었는데, 도장에서 도공을 할 때 외할아버지와 친할아버지께서 오셔서 "단 것이 먹고 싶다."고 하셨습니다. 그래서 어머니께서 일요치성 때 상제님 천단을 비롯해서 전 천단에 포도를 올렸습니다. 일요치성 수행 시 할아버지께서 오셔서 "음, 내가 먹고 싶었던 것을 올렸네." 하셨습니다.

"이것은
시두 바이러스다"

천안구성도장 / 유혜안(여, 56)

저희 부모님께서 입도식을 하고 태을궁에 오셨습니다. 그래서 저희 조상님이 아주 좋으셨는지, 돌아가신 할머니가 오셨습니다. 기뻐하시면서 "네가 참 장한 일을 했다. 너 그동안 고생 많았다." 하시며 제 머리를 만져 주시는 것을 보았습니다.

그런데 오늘은 시두손님이 오셨어요. 실은 일주일 전에도 시두손님이 오셨어요. 그때 보니까 한 4, 50대 되는 중년여성인데 살이 통통하게 쪘어요. 아주 마음씨 좋게 생겼어요. 양옆에는 아리따운 여성 두 분이 그분을 시중 들고 계셨어요. 제가 찬찬히 뜯어봤어요. 한복 비슷한 긴

복장을 입고 계셨는데 제가 한참 뜯어보고 있으니까 시두 신명이 답답하셨는가 봐요.

"우리는 시두신명이다." 그렇게 먼저 대답을 해주시더라구요. 저는 깜짝 놀라서 저도 모르게 "안 돼, 안 돼, 지금은 안 돼요, 안 돼요." 하고 막 사정을 했어요. 시두가 무섭다는 것을 들어서 알잖아요. 제가 너무 사정을 하니까 "너는 안 죽으니 걱정 말아라." 그러세요. 그러면서 또 "태을주를 많이 읽어 두지 않으면 살아도 곰보가 된다." 그러세요. 태을주를 조금 읽으면 살아도 곰보가 된대요. 그런데 왼손에는 예쁘장한 항아리 같은 것을 들었어요. 오른손에는 무슨 여의봉 같은 것을 들었고요. 제가 물었어요. "손에 든 그것은 무엇이에요?" 했더니 "이것은 시두 바이러스다."라고 그래요. 그러면서 저한테 이 이야기를 세상에 전하라는 거예요. 저에게 그 말을 해주러 왔다는 거예요. 오늘도 시두신명이 오셔서 하시는 말씀이 저에게 이 소식을 전하는 것이 그들의 사명이고, 저는 사람들에게 이것을 전하는 사명이 있대요. 시두 무섭잖아요? 그러니까 우리 일심해서 태을주 많이 읽고요. 그렇지 않으면, 그때를 놓치면 천상세계에서 조상님들이 통곡을 하신답니다. 후천 5만년이 오면 다 공멸하고 만다고 지금 조상님들이 통곡을 하세요. 그것을 알고서 가만있을 수 없어 저도 이렇게 발을 동동거리는대요. 앞으로 열심히 해서 많은 사람들 살리는 데 제 성경신을 다하겠습니다. (2015년 11월 29일 태을궁 대천제)

STB 신앙 에세이 17회 유혜안 성도님 편

2015년 9월 증산도대학교 대학원과정 도생들의 신앙수기 과제물 중에서 우수작 2편을 소개합니다.

태을궁에서 폭포수처럼 물이 떨어져

부천도장 / 김명성(여, 42)

입도 초기의 체험

저는 2008년 10월26일 일요일에 입도를 했습니다. 제가 입도를 준비하면서부터 태을주 체험이 시작되었습니다. 입도 전 7일 동안 집에서 청수모시고 수행을 해보라는 과제를 받았습니다. 그때 저는 남들처럼 조상님과의 만남 대신 척신을 먼저 마주해야 했습니다. 혼자 거실에서 청수를 모시고 수행을 하면서 몸이 떨리도록 두려운 생각이 들었던 기억이 납니다. 분명 눈을 감고 있었는데 눈앞에 영상이 펼쳐졌습니다. 수행하는 저의 뒷모습이 뚜렷이 보였습니다. 그리고 등 뒤에서 망나니 칼을 쥔 손이 공중에 둥둥 떠오며, 제 등 뒤를 겨냥하여 다가오는 것이 보였습니다. 그 큰 칼에서는 피가 뚝뚝 떨어지고 있었고요. 그 영상을 보고 있는 저는 공포에 질려 눈을 뜰 수도 뒤를 돌아볼 수도 없었습니다. 하지만 그 칼이 저를 해치지는 못할 거라는 확신은 들었습니다. 보이는 영상에서 수행하는 제 몸 주변을 황금빛 광채가 감싸고 있었는데, 그 광채는 전체적으로 물방울 모양이었습니다. 마치 제 몸 하나 겨우 들어가는 물방울 모양의 노란 방에 앉아 있는 듯 보였고, 그 광채로써 제가 보호되고 있다는 것을 직감적으로 알았습니다. 하지만 그 상황 자체가 소름끼치도록 공포스러웠고, 그날 자면서 수백 명의 푸른 죄수복을 입은 좀비들이 저에게 다가오는 악몽을 꾸었던 기억이 납니다. 6년이 지난 지금도 어젯밤 꿈처럼 생생하게 기억납니다.

무서워 졸지를 못해요

저의 아침시간은 그야말로 전쟁을 치르듯 바쁘고, 정신없는 시간입니다. 수행을 진득이 앉아 할 수 없고 다만 청수 올리고, 인사만 드리고 뛰어 나가기가 바쁩니다. 그래서 늘 밤에 모든 일정을 정리하고 청수를 모시며 본격적인 기도와 수행을 합니다. 일상적인 수행 중 여러 체험들이 있었습니다. 아직 정성이 부족하여 영안이 열려 신명 세계가 보이는 것은 쉽지 않습니다. 그런 경우는 가끔 사부님의 은혜로 체험하는 부분입니다. 평상시 일상 수행 중에는 오가는 기운들을 느끼는 정도로 체험을 합니다. 한 가지 사례를 말씀드리면, 밤늦은 시간 수행을 하다보면 몰려오는 졸음을 이길 수 없어 입으로 주문을 웅얼웅얼하며 거의 앉은 채 자고 있는 경우가 있습니다. 그날도 저도 모르게 졸고 있었던 것 같습니다. 그런데 갑자기 좌측으로부터 휙 하고 무언가가 순식간에 와서 제 이마를 확 후려쳤습니다. 그 힘이 얼마나 강하게 느껴졌는지 저의 상체가 뒤로 확 넘어갈 지경이었습니다. 저는 일격을 당하고는 깜짝 놀라 정신이 바짝 들었고, 심장은 요동을 쳤습니다. 그리고 주송을 하는데 마치 제 목소리가 아닌 듯 크고, 낭랑하고, 기운차게 주송이 나왔습니다. 그렇게 두 번 정도를 경험하고는 이후로 무서워서 졸지를 못합니다. 바짝 긴장하며 수행을 하게 됩니다. 누가 후려칠까 싶어 엄청 긴장합니다. 이외 소소한 체험들은 생략하고, 최근 사부님께서 도공을 내려 주시면서 느꼈던 체험 몇 가지를 말씀드리고자 합니다.

처음 만난 조상님의 모습

사부님께서 타 지역에서 종통과 도공의 날에 도공을 내려주실 때였습니다. 저는 도장에서 인터넷으로 참여하고 있었습니다. 이제까지 만 6년을 신앙하며 수행이나 도공 중 조상님을 뵌 일이 없었습니다. 그런데 그날 도공 중 등받이가 기다란 의자가 5개 나란히 놓여 있는 것이 보였습니다. 그리고 먼 쪽 끝에서 두 번째 의자에 햇살이 비추고 있었습니다. 그 의자에 누군가 앉아 계신 것이 보였는데 자세히 보니 흰 수염이 콧수염부터 턱수염까지 함께 곧고 길게 가지런히 내려와 있고, 피부가 깨끗하고 환하신 할아버지셨습니다. 옷은 은은히 빛나는 황금빛 도포를 입으셨고, 머리엔 높고 검은 관을 쓰고 계셨습니다. 전체적으로 용모가 단정하시고 위엄이 있으셨습니다. 그런데 제가 지금도 생생히 기억하는 건 그분의 눈빛입니다. 눈빛이 아주 영롱하고 형형하며, 깊이가 있고 위엄이 있으셨습니다. 정말 뭐라 형언할 수 없는, 빠져들 것 같은 아름답고 깊은 눈빛이셨습니다. 위엄과 정감어린 깊은 눈빛으로 그

억이 바라보고 계셨습니다. 힘없이 저를 그윽이 내려다보시는 모습……. 한마디도 말씀이 없으셨습니다. 누구실까? 아무리 생각해도 제 생전에 한 번도 뵌 적이 없는 분은 틀림없었습니다. 그런데 왠지 제가 알고 있는 분 같은 친근함이 있었습니다. 직감적으로 제 온 몸의 세포들이 조상님임을 인지하는 것 같았습니다. 저의 친 할아버님의 얼굴형이나 이목구비가 좀 닮아 있는 느낌으로 직계 조상님이 아닐까 생각해봅니다. 그분의 눈 속에는 우주의 별들이 빛나는 듯도 하고, 깊은 바다가 깃들어 있는 듯도 했습니다. 저는 눈빛에 매료되어 넋을 놓고 올려다보았습니다. 그분에게서 위엄과 기품이 느껴졌지만, 기운이 없는 모습이셔서 그것이 마음에 걸렸습니다. 단 한마디 대화도 없었지만 그 눈빛은 모든 것을 말씀하시는 것 같았고, 그냥 존경스럽고 그분을 뵌 것이 너무 행복했습니다.

7.20 대천제 때의 체험

작년(2014년) 7월 20일 대천제 때는 친정 부모님을 모두 모시고 태을궁에 갔던 뜻깊은 날이었습니다. 친정아버지께서는 우리 민족 전통의 천제문화를 계승하고 있는 유일한 종교단체가 아닐까 싶다고 하시며 증산도에 대한 궁

정적 이미지를 담고 돌아오셨습니다. 그날 사부님께서 도공을 내려 주실 때 저는 도공을 시작하며 몸을 좌우로 흔들었습니다. 멀쩡하던 위에서 찌르는 듯 심한 복통이 느껴졌습니다. 위장 쪽에 두 손을 모으고 태을주 도공을 계속해나가자 파스를 붙인 듯 박하사탕과 같은 시원함이 복부를 중심으로 퍼지며 곧 편안해졌습니다. 그 후 북소리에 맞춰 도공이 계속되면서 앞에 앉아계시는 사부님을 중심으로 사방으로 물결이 퍼져나가는 것을 느꼈습니다. 마치 잔 파도가 밀려오는 듯하고, 잔잔한 호수에 돌을 던졌을 때 물결이 퍼져나가듯 사부님을 중심으로 태을궁 전체로 물결이 퍼져나갔습니다. 동시에 태을궁 2층에서는 폭포수처럼 물이 흘러 떨어졌습니다. 저는 물속에 몸을 담그고 있는 듯 한기가 느껴졌습니다. 이것이 '태을주의 수水 기운인가?' 하는 생각이 들었습니다. 이 모든 은혜에 천지일월부모님과 조상님께 감사를 드리며, 앞으로 한발 한발 나아가는 저의 수도행보를 이끌어 주실 것을 기도 올리며 부족한 체험사례를 마치겠습니다. 보은.

태을주를 알게 된 공功이 대단해

강릉옥천도장 / 권기동(남, 65)

도기道紀 136년 음력 6월 28일 입도 이후 아직까지 이렇다 할 태을주 체험이 없는 저로서는 '태을주 체험수기'가 정말 난감한 주제임에 틀림없습니다. 몇 번을 돌이켜 8년간의 신앙생활을 되짚어 보았지만 체험體驗이라 하기에 명백한 기억은 없었습니다. 이는 태을주를 열심히 안 읽었다는 반증?이기도 해서, 궁여지책으로 '나는 어떻게 신앙생활을 해왔는가?' 에 대해 말씀드리고자 합니다.

어깨통증이 낫다

저는 원래부터 오른쪽 어깨가 좋지 않아 늘 저리는 증상이 있어 왔습니다. 던지기를 하면 10미터를 겨우 나갈 정도로 상태가 심각했습니다. 입도 후 매일 도장에서 새벽수행을 하면서 날마다 평균 100배례 이상씩 했고 한 시간 정도 태을주 및 전수 주문呪文을 읽었습니다. 평소에는 잘 모르다가 주문을 읽으면 오른쪽 어깨에 통증이 아주 심하게 왔습니다. 거의 두 달 정도 통증이 계속되었는데 어느 날 수행 중에 통증이 없음을 알게 되었습니다. 어깨가 엄청 좋아져서 뒷짐도 괜찮고 던지기도 훨씬 나아졌고 거의 정상수준으로 돌아왔습니다. 그후 지금까지 그냥 괜찮은 상태가 지속되고 있습니다.

수술밖에 방법이 없다는 희귀병을 낫고

작년 도기 143년 8월경 갑자기 어깨통증이 심하여 매일 하던 배드민턴도 쉬고 정형외과를 찾아갔더니 경추 부분의 인대靭帶에 문제가 있는 것 같다며 큰 병원에 가서 MRI촬영을 권유받았습니다. 확인 결과 청천벽력과도 같은 듣도 보도 못한 '후종인대골화증後從靭帶骨化症'이라는 희귀병이었습니다. 이 병은 경추에서부터 요추로 내려가는 신경다발을 세로로 지지해주는 인대가 골화, 곧 석회화가 되어 신경을 누르는 희귀병입니다. 현대의학에서는 약이 없고 오로지 수술하여 석회를 긁어내거나 신경

통로를 넓혀 신경압박을 완화시키는 방법밖에 없다고 했습니다. 마침 그때부터 왼쪽 팔에 마비가 와서 전혀 힘을 쓸 수가 없고 위로 들어 올릴 수도 없었습니다. 꼭 중풍으로 바람맞은 것과 동일한 현상이 나타났습니다. 의사 소견에는 '만약 잘못하여 교통사고를 당하거나 넘어지거나 자빠져서 고개가 꺾이게 되면 전신마비가 와서 대소변을 받아내고 평생 불구가 될 가능성이 많으니 무조건 수술하라'는 권유도 덧붙여 있었습니다. 손끝이 엄청 저리고 어깨가 쑤셔 똑바로 누울 수도 없는 총체적 난국이었습니다. 우선 서울 강남 세브란스병원에 수술 날짜를 잡아놓고 보니 한 달 반 정도의 여유가 있었습니다. 8월31일부터 본격적으로 집에서 하루 4시간씩 태을주와 도공을 오전 오후로 나눠서 하기로 심고하고 시작했습니다. 그러면서 이 수행으로 제 병이 낫고 그 기운으로 형제자매 등 가족포교를 꼭 이룰 수 있도록 돌보아 주실 것을 간절히 기도 올렸습니다. 우선 어진 앞에 〈만국의원도수萬國醫院度數〉와 〈만병통치태을주萬病通治太乙呪〉라고 써 붙여 놓고 시작하였습니다. 그리고 도장에서 간단하게 주과포치성酒果脯致誠을 모셨습니다. 하루, 이틀 하면서 아주 조금씩 통증이 덜해졌고 왼쪽 팔의 사용도 조금씩 나아졌습니다. 10일차부터는 도장에서 수행을 시작했습니다. 왼쪽 팔이 꺾여 배례는 할 수 없었고 양쪽 손가락을 두드리면서 하루 2시간 이상씩 수행을 해 나갔습니다. 그리고 동네 야산을 새벽에 1시간 이상씩 걷고 등산로의 운동기구를 사용하면서 수행을 해나가니 조금씩 나아졌습니다. 마침 도장의 할머니 성도님 한 분께서 레이저치료기를 빌려주어 사용해보니 팔 마비증세가 더 빨리 풀리는 느낌이었습니다. 또 누가 벌침을 맞아보라고 해서 한 달 정도 벌침도 맞았습니다. 수행과 운동, 레이저치료, 벌침 등을 병행하기를 49일 지나 100일 정도 하니 팔 마비 증상이 거의 90% 정도 풀렸습니다. 결국 몇 차례 연기했던 수술을 취소하였습니다. 그 다음에 MRI를 다시 안 찍어 봐서 석회화된 부분이 좋아졌는지는 확인할 수 없지만 어쨌든 1년 반이 지난 현재까지 정상적인 생활을 하고 있음은 태을주 수행이 가장 큰 이유라고 해야 할 것입니다. 만약 수술했다면 얼마나 불편했을까를 생각해 봅니다. 상제님 진리를 만나서 태을주를 알게 된 공功이 얼마나 대단한지를 몸소 느꼈습니다.

처음 청수淸水 모시던 날 따라온 신명神明

인천에서 공장 문을 닫고 완전히 강릉 집으로 와서 저녁에 처음으로 청수를 모셨습니다. 집사람도 내가 1년여 증산도를 신앙한다는 것만 알았지 어떻게 청수를 모시는지 전혀 본 적이 없었던 때입니다. 우리 집은 사당祠堂벽장(사후)이라고 해서 사랑방에 벽장을 만들어 신주神主를 모십니다. 기제사忌祭祀 때는 신주를 모셔내서 제사를 모시고 추석과 설 차례 제사는 그냥 사후에 진설하고 4대 여덟 분을 함께 모시고 제례祭禮를 올립니다. 청수 모실 마땅한 장소가 없고 또 누가 와서 보는 것도 싫고 해서 사후벽장 조상님 신주 앞에 모시기로 하고 청수 그릇을 들고 사랑방으로 들어가고 나니 바로 사랑방 문이 닫히는 소리가 들렸습니다. 나는 집 사람이 닫았나 하고 별로 신경 쓰지도 않고 간단히 수행을 하고 거실로 나갔습니다. 집사람이 무서워 떨면서 하는 말이 청수를 든 내 뒤를 따라서 몇 명의 신명神明같은 분들이 문을 닫고 함께 들어갔다는 것입니다. 그래서 감히 청수 모시는 일에는 잔소리할 엄두도 내지 못하고 지금까지도 못마땅하거나 반대의 의사를 나타낸 적이 일절 없습니다. 이제는 청수를 모셔야 식사하는 걸로 알고 좀 일찍 식사해야 될 것 같으면 청수 빨리 모시라고 채근합니다. 지금은 2층에 조그마한 성전聖殿을 만들어 따로 모십니다. 말이 났으니 자랑 좀 하자면 청수만큼은 잘 모시는 편입니다. 하루 2번 꼭 샤워하고 옷을 갈아입고서 청수를 모십니다. 샤워는 한겨울이라 할지라도 365일 찬물로 하고 있습니다. 그 밖에 몇 가지 일들이 더 있었지만 이만 줄이고, 차후에는 좀더 제대로 된 체험사례를 발표할 수 있기를 빌어봅니다.

몸과 마음의 치유

하루는 태모님께서 말씀하시기를 "앞으로 세상이 병란病亂으로 한번 뒤집어지느니라." 하시고 "장차 이름 모를 온갖 병이 다 들어오는데, 병겁病劫이 돌기 전에 단독丹毒과 시두時痘가 먼저 들어오느니라. 시두의 때를 당하면 태을주를 읽어야 살 수 있느니라." 하시니라. (도전 11편 264장)

다리와 허리의 저린 통증이 사라졌어요

제천중앙도장 / 이륜수(남, 71)

　'국난극복치성' 을 올리고 종도사님의 도공전수가 있었을 때 체험한 사례입니다. 처음 도공을 시작할 때는 별로 다를 것이 없었으나 종도사님의 강력한 태을주 주문이 시작되고 저도 힘있게 태을주 주문을 읽었습니다. 종도사님 음에 맞추어 정신없이 도공을 하면서 아픈 부위를 두드렸습니다. 제가 오래전부터 다쳤던 허리가 좋지 않아 양쪽 다리가 무겁고 저리면서 감각을 느끼지 못하여 발걸음을 옮기기가 상당히 불편하였습니다. 40여 분간 역동적이고 강력한 도공수련이 끝나고 일어서는데 제 몸이 가뿐해 진 듯 쉽게 일어설 수 있어서 제 자신도 놀랐습니다. 제가 다시 앉아보고 또 일어서 보고 양쪽다리를 움직여 보고 하였더니 도공 전까지 무겁고 저리던 다리와 허리가 뒤로 쪽 펴봐도 아무런 고통이 없었습니다. 너무 기쁘고 감사할 뿐입니다. (2015년 6월 21일)

뭉쳐졌던 근육이
하나하나 쫙 펴지는게 보여

태전도안도장 / 권순희(여, 41)

　　직장에서 평소 무거운 짐을 들고 다니는 업무가 많았습니다. 어깨 한쪽 근육이 비정상적으로 모이고 골반과 척추가 틀어져서 어깨가 걸리고 통증이 심하였습니다. 병원과 한의원에서 약을 먹고 치료를 하여도 근원적으로 나아지지 않아 고생을 하고 있었습니다. 그러던 중 최근 종도사님의 치성 도공시간에 간절히 기도를 하고 종도사님의 주문 성음을 따라 도공을 하였습니다. 도공에 서서히 몰입하고 있는데 통증의 원인이 되었던 뭉쳐진 근육이 눈앞에 보이기 시작했습니다. 도공을 할수록 근육이 서서히 펴지기 시작하였습니다. 닭이나 오리의 발 물갈퀴가 펴지는 것처럼 단단히 뭉쳐졌던 근육이 하나하나 쫙 펴지는 것이 보였습니다. 눈을 감고서 제 몸속에 일어나고 있는 모습을 보니 너무나 신비로왔습니다. 그 모습이 보이면서 '아 이제는 통증이 사라지고 나을 수 있겠구나' 하는 생각도 함께 들었습니다. 도공을 마치니 통증도 많이 줄어들었고 예전보다 몸도 가벼워지고 병세도 많이 호전되었습니다.

머리 속에 내려온 불기둥이 척추를 타고 내려와

동두천중앙도장 / 정오영(남, 52)

저는 4년 전 약 7m 높이의 전봇대 위에서 고압선에 감전되어 아스팔트 바닥으로 떨어졌습니다. 그때 척추 3번 요추와 횡돌기 8개가 부러지고 신경을 다치는 사고를 당했습니다. 사고 이후부터 오늘까지 몹시 고통스럽고 힘든 날들을 보내고 있습니다. 허리에 늘상 얼음기둥을 꽂아 넣은 듯 시리고 아픕니다. 그 고통을 겪어보지 못한 사람은 상상도 할 수 없을 것입니다. 그러나 저는 상제님 신앙을 결코 중단하거나 포기할 수가 없었습니다. 제가 감전되어 떨어질 때에 누군가 저의 몸을 밧줄로 묶어 천천히 내려놓는 그런 느낌을 받았으니까요. 의사는 저에게 천우신조天佑神助라고 합니다. 보통 사람 같으면 머리와 내장, 간 등이 파열되어 살지 못했을 거라더군요. 상제님과 조상선령신들이 앞으로 더 큰일을 하라고 살려주신 듯합니다. 정말이지 4년이라는 힘든 시간, 그 고통과 외로움을 오직 신앙 하나로 이겨낼 수 있었습니다. 집에서 태을주와 운장주를 읽으면서 수행을 하는데 참으로 신기하게도 그 시간만큼은 모든 아픔을 잊고 편안해짐을 느낍니다.

지난 6월 10일 수요치성 시 종도사님께서 태을주 도공을 내려 주실 때에 이제까지 경험해보지 못한 체험을 하였습니다. 태을주 도공주문을 읽으면서 손과 몸을 흔드는데 어느 정도 시간이 흘렀을 때 갑자기 주위가 조용해지며 종도사님의 태을주 성음 소리밖에 들리지 않았습니다. 잠시 후에는 종도사님이 태을주 읽으시는 소리도 들리지 않았습니다. 제가 눈을 떴었는지 감았었는지도 모르겠습니다. 그러한 순간이 지나고 어두웠던 주위가 서서히 밝아지기 시작했습니다. 저는 천천히 하늘을 쳐다보았습니다. 처음에는 그냥 밝은 구름이었는데 점점 더 밝아지며 황금빛 구름으로 변하더니 회오리치듯 돌기 시작했습니다. 그 모습이 마치 아이맥스 영화처럼 장관이어서 넋을 놓고 보고 있는데 큰 불기둥 같은 것이 천천히 내려오기

시작했습니다. 처음에는 굵은 모양의 불기둥이, 내려오더
니 점점 더 밝고 가늘어졌습니다. 그 불기둥이 제 머릿속
으로 파고들어 왔습니다. 그러자 제 몸이 불기운 방향으
로 돌면서 그 불기둥이 척추를 타고 내려왔습니다. 얼마
나 뜨거웠는지 저도 모르게 손이 뒤로 가며 뜨거운 기운
을 떨쳐보려고 아픈 허리를 문질러 댔습니다.

그러는 사이에 뜨거운 불기운이 제 허리에 박혀있는 듯
한 얼음기둥을 순식간에 녹이는 것이었습니다. 그 시원함
이란 말로 표현할 수 없을 정도로 개운하고 기분이 좋았
으며 황홀한 느낌이었습니다. 수년간 내 몸속에서 버티
던 찬 기운이 빠져나가던 그 순간을 잊을 수가 없습니다.
(2015년 6월 10일)

허리 디스크가 터진 제가 펄쩍펄쩍 뛰며 춤을 춰

부산온천도장 / 김유나(여, 28)

　　이전부터 목과 허리에 여러 군데 추간판팽륜(흔히 말하는 디스크)이 있어 간간이 통증이 있었습니다. 그러다가 1년 전 갑자기 허리디스크가 터지면서 1개월간 입원하여 견인치료를 받았습니다. 제가 빨리 업무에 복귀를 해야 하는 관계로 시술(허리에 얇고 긴 바늘을 삽입하여 눌려있는 디스크와 신경을 떼어내 주는 주사)을 받았습니다. 치료와 정성수행을 함께 한 덕분인지 많이 회복되어 업무에 복귀를 했었습니다. 그러던 중 1개월쯤 전에 갑자기 시작된 요통으로 거의 외출 및 거동이 불가능할 정도로 통증이 심해졌습니다. 다시 시술이나 입원치료를 고려하던 중에 부모님께서 "지금은 일을 쉬고 있으니 병원에 가지 말고 정성수행을 해보자."라고 권유하셔서 아버지, 어머니, 삼촌, 동생들이 함께 기도와 정성수행을 하였습니다. 또 수호사님께서 도움을 주셔서 한약을 먹으며 침 치료를 병행하였습니다. 하지만 3주가 지났음에도 약간 회복되었다 싶으면 이내 통증이 재발하여 제대로 걷지도 앉지도 못할 정도였습니다. 할 수 없이 다시 시술을 생각하고 있던 즈음 4주째가 되는 저번 주부터 조금씩 증상이 호전되어 앉아있는 시간이 조금 늘어났고 멀지 않은 거리를 외출할 수 있는 정도가 되었습니다.

이런 상태에서 지난 6월 21일 종도사님께서 부산지역에 왕림하신 군령에 참석하게 되었습니다. 태상종도사님 도훈을 다 받들고 나서는 허리통증 때문에 앉아있기 힘들어 잠시 나가서 쉬다가 이내 다시 성전으로 와서 맨 뒷자리 구석 입구 쪽에 기대앉은 상태로 도훈을 받들고 도공을 하였습니다. 처음에는 '그래, 오늘은 허리를 꼭 나아가자.' 하고 마음을 먹었지만, 구석 자리라 좁기도 해서 소극적으로 도공을 시작하였습니다. 점차 '이래서는 안된다.' 는 마음이 들더니 저도 모르게 자리에서 일어났습니다. 그리고는 허리부터 시작하여 여기저기 두드리기 시작하고 허리를 움직이면서 온몸을 이용하여 무용을 하듯이 도공을 하였습니다. 저는 요추–천추 부분의 디스크가 터져서 엉덩이뼈 부근에 널빤지를 댄 듯이 뻣뻣한 상태이므로 허리를 반듯하게 펴서 걷는다든지 허리를 돌리거나 뛴다는 것은 상상할 수조차 없었습니다. 그런 제가 처음에는 무용이나 요가 동작처럼 몸을 움직이더니 이내 제자리에서 펄쩍펄쩍 뛰기 시작했습니다. 하늘을 향해 손을 뻗고 쿵쿵 뛰었다가 다시 몸을 두드렸다가 춤을 추는 동작을 반복했습니다. 온몸에서 열도 나고 땀도 나고 정신이 없는 와중에 허리와 꼬리뼈 부근에서 산들바람이 부는 듯한 시원한 느낌이 들었습니다. 뻣뻣했던 허리와 엉덩이가 한결 부드러워진 느낌이 도공 마칠 때까지 지속되었습니다. 도공을 마치고 나니 묵직하고 뒤틀린 느낌이 들던 허리와 엉덩이 부분의 통증이 빠져나간 것 같았습니다. 아프기 이전과 거의 동일하게 통증 없이 앉아있고, 잘 움직일 수 있는 지금 제 자신이 너무 신기합니다. 부산지역에 왕림해 주시고 큰 기운 내려주신 종도사님께 이 자리를 빌어서 감사하다는 말씀을 전하고 싶어 이렇게 제 사례를 발표하게 되었습니다. (2015년 6월 21일)

체험 발표 영상

꿈에서 몸속의 병마病魔들이 하나씩 빠지는 게 보여

경주노서도장도장 / 박옥자(여, 53)

　오래전에 셋째 아이를 임신한 상태에서 임신중독 증세로 쓰러져 3일 동안 혼수상태로 있었던 적이 있습니다. 병원에서는 산모가 살 가망이 없고 아이도 임신 6개월이라 거의 살지 못할 것이라는 진단을 내렸습니다. 실낱같은 희망을 안고 수술을 통해 아이를 출산하기로 하였습니다. 천만다행으로 아이도 살고 저도 살았지만 아이는 뇌에 손상을 받아 여러 차례 수술을 받았음에도 자립생활이 어려운 상황이 되었습니다. 저도 앞을 전혀 볼 수 없어 40여 일간 병원에 입원해 있었습니다. 그 후 퇴원은 했지만 몸의 시스템이 깨어지면서 다리의 통증도 심하고 다리가 잘 오므려지지 않아 앞으로도 걷지 못하고 뒤로도 걷지 못하는 상황이었습니다. 어깨는 쇳덩이를 얹어 놓은 듯 천근만근처럼 느껴졌고 허리, 목, 머리, 팔 등 어느 한 곳도 성한 곳이 없는 그야말로 종합병원 같은 상태였습니다. 그런 몸으로 거동이 불편한 아들을 돌봐야 했습니다. 성년이 되어가는 아이를 하루에도 몇 번씩 들었다 놓았다를 반복하며 학교에 보내고 나면 거의 초죽음이 되어 오전 내내 휴식을 해야만 오후에 활동을 겨우 할 정도였습니다. 그러고도 틈만 나면 잠을 자야해서 항상 방안에 이불이 깔려 있었고 그렇게 자고도 밤에도 잠을 자야 겨우 생활할 정도였습니다.

여러 병원과 한의원을 찾아다니고 여러 가지 치료를 받아봤지만 약이나 치료를 받을 당시에만 조금 좋은 듯하다가 다시 고통이 지속되었습니다. 그리고 약을 많이 먹다보니 속쓰림이 심해 새벽에는 위를 쥐어짜듯이 따갑고 쓰려 음식도 마음대로 먹지 못했습니다. 하지만 아무 치료를 받지 않거나 약을 먹지 않으면 고통이 너무 심해서 치료를 그칠 수 없는 상황이 지속되었습니다. 몸도 마음도 지쳐가고 있을 때 꿈에 조상님의 인도로 상생방송을 통해 증산도를 만났습니다. 입도 이후 도장을 매일 나가기로 마음을 먹었는데 게으름이 생겨서 치성 때만 도장을 가고 수행도 집에서 기본 수행만 하고 있었습니다. 어느 날 포정님께서 몸을 빨리 회복하려면 집보다는 도장에 매일 와서 정성수행을 하라고 하셨습니다. 그래서 매일 도장을 나와 저녁에 다른 성도님들과 정성수행을 시작했습니다. 낮 시간에는 계수기를 활용해 매일 3,000독을 목표로 태을주 주송을 했습니다. 처음에는 태을주 3,000독 읽기가 쉽지 않아 아침부터 자기 전까지 꼬박 읽어야 3,000독을 채울 수 있었습니다. 3,000독을 읽기 시작한 처음에는 누가 목을 조르는 것 같이 아프더니 1주일 정도 지나면서 목 아픈 것도 괜찮아지고 몸도 조금씩 가벼워지기 시작했습니다. 그러던 어느 날 꿈에 등에같이 생긴 벌레 5마리가 저의 머리에 붙어 있는 게 보였습니다. 너무 징그럽고 무서워서 떼어내지도 못하고 어쩌지도 못하고 있었는데 어떤 할머니가 와서 대수롭지 않게 벌레들을 잡아서 땅에 버리시길래 제가 얼른 발로 밟아 죽이는 꿈을 꾸었습니다. 그리고 나서는 이상하게 머리도 맑아지고 그 전에 자주 꾸던 누구에게 쫓기는 꿈이나 잡다한 꿈도 사라지고 잠도 편하게 자게 된 것 같습니다. 또 어느 날 꿈에는 갑자기 제 발이 보이더니 그 발등에 거의 눈에 보일 듯 말 듯한 크기의 작은 사마귀가 보였습니다. 어떤 남자가 와서 나무에 못을 뺄 때 사용하는 집게 같은 공구로 그 사마귀를 잡아 빼려고 애를 써보는데 자꾸 미끄러지고 사마귀가 잡히지 않다가 겨우 잡아서 빼려는 순간 다시 미끄러지면서 사마귀가 이제는 발 안쪽으로 숨어버렸습니다. 그때 그 남자가 제 발바닥 쪽으로 집게를 가져다 대고 사마귀를 잡아서 빼내는데 느낌에 많이 아플 것 같아 겁이 났지만 막상 뽑아내니까 아프지 않았습니다. 그런데 그 작던 사마귀가 아이 주먹만 한 크기로 변하고 나중에는 여자 얼굴로 바뀌었습니다. 그때 사마귀를 빼준 아저씨가 '너, 나이 10살 때 발에서 사마귀가 났다'라고 말해주었습니다. 만병통치 태을주라더니 태을주 수행을 자꾸 하니까 내 몸에 있는 병마病魔들이 하나씩 빠져나가고 있는 것을 꿈을 통해 보여준다는 느낌이 들었습니다. 그 전에는 낮에 잠을 자지 않으면 졸음이 쏟아져서 생활이 어려웠는데 태을주를 3,000독씩 읽기 시작하면서 낮에 잠을 자지 않아도 피곤하지 않았습니다. 심지어 잠자는 시간이 아까워서 태을주 주문을 더 많이 읽었는데 그럴수록 몸도 더 가벼워졌고 집안 일들도 조금씩 정리가 되어간다는 느낌을 받았습니다. 그즈음 갑오년 동지 맞이 49일 정성수행을 시작하였습니다. 도장에서 하는 수행 시간도 늘리고 도공 시간도 30분 정도 매일 하였습니다. 이번에도 역시 정성공부를 시작할 때 또다시 목을 조르는 듯이 아팠고 이번에는 눈물도 많이 흘려내렸습니다. 어느 날 꿈 속에서 '눈에 벌레를 다 빼내라.' 하는 목소리를 들렸습니다. 또 어느 날은 도장에서 수행을 하고 있는데 왼쪽 아랫배 안쪽에서 탁구공보다 작은 크기의 기운이 두 개가 있는 것이 보였습니다. 아래 것이 위에 있는 것을 톡톡 치면서 얼굴 쪽으로 올라오는데 갑자기 기침을 심하게 하고 콧물, 눈물이 주르륵 흘러내렸습니다. 그날부터 코와 눈이 5일 정도 심하게 아팠습니다. 그러고 나니 그토록 심하게 저를 괴롭히던 속쓰림도 없어지고 몸 팔, 다리, 어깨 통증도 많이 사라졌습니다. 지금도 힘들기는 하지만 매일 아들을 들어 올리는 일이 예전같이 힘들지도 않고 그로 인한 통증도 거의 없어졌습니다. 그리고 조상님 천도식을 준비하면서 심했던 변비가 사라졌습니다. 매일 100배례를 21일간 했는데 아침에 배례가 끝나면 바로 화장실로 가서 편하게 볼일을 보게 되었고 평소 아랫배에 묵직하고 당기는 듯한 느낌도 사라졌습니다. 몇 차례 정성수행을 하면서 그냥 수행을 하는 것보다 날짜를 정해놓고 수행을 하는 것이 중요하고 가정이 아닌 도장에서 수행하는 것이

더 기운을 많이 받는다는 것을 깨닫게 되었습니다. 앞으
로도 매일 도장에 나가 더욱 수행에 정진하기로 마음먹었
습니다.

병원 수술보다 만병통치 태을주다!

인천구월도장 / 이 용(남, 75)

저는 ○○진리회 신앙을 하다가 상생방송을 보고 2010년 5월 16일 아내와 함께 입도하여 신앙을 하고 있습니다. 제가 5년 전부터 허리 협착증으로 허리와 다리가 아팠습니다. 처음에는 병원에서 주사를 맞으면 2년 동안은 약효가 있어 아프지 않았습니다. 하지만 시간이 지나면서 주사의 약효 지속이 6개월로 줄어들었고, 그 후 점점 시간이 단축되어 2개월 간격으로 주사를 맞아야 했습니다. 나중에는 주사를 맞아도 허리, 다리가 아파 50미터 거리를 걷다 쉬고 걷다 쉬고 하며 걸었습니다. 또 10분도 제대로 못 앉아 있는 상황이 되었습니다. 병원에서 "이제는 주사로는 안 되고 수술을 해야 한다"고 하였습니다. 아무

래도 수술을 하면 나이가 많아 후유증이 있을 것 같아서 무서웠습니다. 그래서 '만병통치인 태을주'에 의지해야 겠다는 생각이 들었습니다. 그때부터 집에서 저녁에 일심으로 기도하고 수행을 하면서 매일 20분씩 태을주 도공 수련을 하였습니다. 얼마 후 저도 모르는 사이에 아픈 곳이 전부 나아버렸습니다. 이제는 걸음을 오래 걸어도, 앉아 있어도 전혀 아프지 않게 되었습니다. 또 어깨에 오십견五十肩이 와 통증으로 팔을 제대로 돌리지 못하였는데 어깨통증도 완전히 나았습니다. 태을주를 읽으면서 저도 모르게 건강한 몸으로 탈바꿈된 것이지요. 지금은 병이 나아 4시간 동안 계속 서서 일하는 주차관리 일을 하고 있습니다. 이 모든 것이 태을주의 은혜입니다. 앞으로 아내와 함께 더욱더 일심신앙을 하여 크게 보은하는 일꾼이 되겠습니다.

오장육부의 냉한 기운이 빠지고 몸 밖으로 담이 빠져

부천도장 / 김진우(남, 33)

　도공을 받기 전날 밤에 좋은 물(水)과 같은 기운들이 한 번 찾아왔었습니다. 제가 어릴 때부터 평소에 위염 및 장염이 조금 있고 위에 열이 많고 장에 찬 기운이 돌아 담痰이 계속 나오므로 침을 자주 뱉곤 합니다. 도공 시에 따듯하고 온화한 기운이 몸속과 겉에 맴돌며 제가 선천적으로 가지고 있던 위염 및 장염을 모두 거둬내 몸 밖으로 담이 배출되는 체험을 하였습니다. 몸속에 지금까지 느껴보지 못한 지극한 생명기운을 받아 마치 모든 병 기운을 씻어 낸 기분이 들었고, 처음 입도했을 때 느꼈던 성령의 기운을 받아 정신도 더욱 또렷해졌습니다. 강력한 기운을 내려 받아 그동안 있었던 오장육부 구석구석의 냉한 기운들이 모두 해소되었으며 따듯하고 원원한 지기들이 온 몸을 감싸 안았습니다. 그동안 그렇게 땀을 뺀 적이 없었는데, 온몸이 막 격렬하게 움직여지면서 진동과 기운이 하나가 되고 강력한 도공기운을 받아 내렸습니다. 기분도 너무너무 좋았고 몸이 훨씬 가뿐해지고 활력이 생겼으며 정신도 더욱 맑고 또렷해졌습니다. 또한 시달리던 허령 기운도 잠잠해졌습니다. 종도사님 순방도공의 큰 은혜에 보은하는 천지 일꾼으로 거듭나겠습니다. (2015년 7월 12일 원주우산도장 순방)

등대 빛처럼 환하고 따뜻한
기운이 몸을 치유하고

수원인계도장 / 박창현(남, 39)

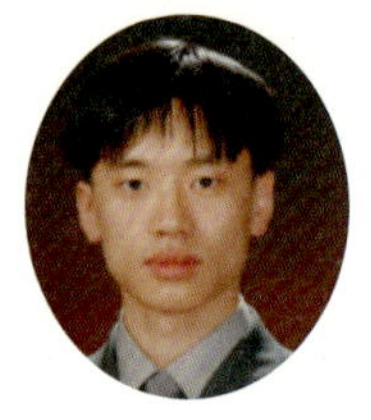

　저는 일 년에 병원 한 번 안갈 정도로 건강하게 지내왔습니다. 그런데 지난 7월 3일부터 갑작스럽게 몸살 기운이 있어 7월 5일까지 지속되었습니다. 처음에는 그냥 냉방병 정도로 생각했는데 7월 5일 밤부터 갑작스럽게 고열이 오르고 두통이 아주 심한 상태로 체한 듯 고통스러웠습니다. 다음날 출근도 못하고 이틀 동안 집에서 고통을 참았습니다. 상황이 더욱 안 좋아지는 듯해서 7일 밤에 수원에 있는 성빈센트 병원 응급실을 찾았습니다. 응급실에서도 40도에 육박하는 고열과 두통의 원인을 찾을 수 없었습니다. 메르스 아니면 뇌수막염이라 의심하고 저를 격리시켜 검사를 진행하였습니다. 8일 수요일 이후 격리 상태에서 계속 고열에 시달렸고 의사도 정확한 원인 파악을 하지 못한 채 항생제만 투입하고 있었습니다. 열은 미미하게 떨어졌지만 계속 오르락 내리락거렸고 두통도 너무 심해 10일 동안 잠시도 자지 못하고, 먹지도 못했습니다. 10일간 몸무게가 6킬로그램이 빠졌습니다. 그렇게 대책 없이 '내일은 나아지겠지' 하면서 지내던 중이었습니다. 마침 종도사님께서 수원으로 직접 오셔서 도공을 내려주신다는 소식을 듣고 의사에게 3시간 외출을 허락받고 도장에 참석하게 되었습니다. 도장에 와서 도훈 시작 전 상주방 의자에 앉아 기다리고 있는데 병원에 있을 때보다 더 두통이 심하고 몸에 힘도 쭉 빠지는 느낌이었습니다. 병원에서 괜히 나온 것이 아닌가 하는 생각도 들었습니다. 도훈이 시작되었고 저는 오한 때문에 구석 한쪽에 앉아 있었는데 자리 정돈시간에 앞자리로 옮겨 맨 앞에 앉아 도훈 말씀을 받들게 되었습니다. 처음에는 힘도 없고 두통도 심해 목소리도 안 나오고 도공도 하기 힘들었습니다. 그래도 병마가 나가고 도공 기운을 몸속에다 넣는다는 기분으로 몸을 톡톡 두들기면서 도공을 하였습니다. 그러던 어느 순간인지 앞쪽에 등대 빛이 비치듯 환하고 따뜻한 기운이 느껴졌습니다. 그때부터 너무나 신기

하게도 두통과 오한이 사라지고 없던 힘이 어디서 생겼는
지 평소처럼 두 어깨에 힘이 들어왔습니다. 열심히 도공
을 하는 가운데 제가 마치 사냥을 위해 잔뜩 웅크린 표범
같이 느껴졌고, 막 전장에 나가는 의기충천한 장군 같았
습니다. 도공이 끝나고 나서 거짓말처럼 두통이 다 없어
지고, 몸의 컨디션이 너무 좋아 날아갈 듯하였습니다. 그
리고 그날 밤 다시 병원에 들어가서도 두통이 재발하지
않았고 열도 정상으로 떨어졌습니다. 두통과 열은 정상으
로 돌아왔지만 염증 수치는 거의 그대로 남아 있어서 퇴
원이 어려웠는데 그 다음날 염증수치도 뚝 떨어져서 토요
일에 퇴원을 할 수 있었습니다. 치유 도공의 은혜를 크게
받았습니다.

체험 발표 영상

손가락의 류마티스가
한 순간에 나아

마산회원도장 / 노영란(여, 35)

　이번 8.8어천절대천제에서 큰 기운을 받고자 태을궁 신단에 올라가 도공을 시작했습니다. '지기금지원위대강' 주문을 읽음과 동시에 도장에서 하는 도공과는 사뭇 다른 엄청나게 뭉쳐진 큰 기운이 느껴졌고 몸이 주체하지 못하여 옆 사람 다리에 눕게 될 정도였습니다. 이렇게 하면 다른 사람들에게 피해가 되니 조심해야겠다는 생각을 하고 도공을 했습니다. 기분이 너무 좋아져서 마치 무용하듯이 손이 절로 움직여졌는데, 손가락 끝은 터질 것 같은 느낌이 들었습니다. 나중에 종도사님께서 태을주 주문을 읽어주실 때는 이전 기운이 싹 사라지면서 가슴과 배 부분을 마구 두들겼습니다. 그렇게 두들기던 중 구토가 올라와서

화장실로 급히 달려가 네 번 구토를 하였습니다. 태을궁으로 돌아오니 도공은 끝났고 저의 손가락은 이번에도 퍼렇고 뻘겋게 멍이 들어 있었습니다. 과거 출산 후 손가락이 자주 아파 병원에서 검사를 받았을 때 의사가 "류마티스 인자가 있으니 류마티스를 조심하라"고 한 적이 있는데 매번 손가락이 시리고 저린 통증이 있었습니다. 또 반지를 끼는 손가락과 몇 개의 손가락에 빨갛게 껍질이 벗겨지는 현상이 있었는데 도공 이후에는 그런 현상과 손가락 통증이 아주 없어졌습니다. (2015년 8월 8일 어천 대천제 태을궁)

태을주 1만독으로 평생 지병이 나아

인천구월도장 / 유성호(남, 79)

저는 45년 동안 기독교 신앙을 하면서 직책은 장로였습니다. 어느 날 '이것이 개벽이다' 상, 하권 책을 도서관에서 읽었습니다. 그 후 기독교 진리에 대한 의혹에 회의를 느끼고 2010년 도장을 방문하여 입도하였습니다. 오늘은 제가 천도식을 올리고 체험한 내용을 여러분과 공유하고자 합니다.

제 아내가 기독교 신앙에만 전념하였던 관계로 경제적인 문제가 발생하였습니다. 그래서 저는 5년 동안 아동센타에서 바이올린 연주를 가르치는 아르바이트를 하면서 푼푼히 돈을 모아 올 7월에 직선조 천도식을 올렸습니다. 조상님으로부터 무슨 응답이 없나 생각을 하고 있는데 3일 만에 꿈을 꾸었습니다. "메시지를 보낸다. 대환영이다." 하는 남자 분의 음성이 들리면서 백지 위에 '대환영' 이라는 글씨가 크게 쓰여져 나타난 체험을 하였습니다.

다음은 태을주로 치병된 내용입니다. 제 어릴 적 이야기부터 먼저 해 보겠습니다. 제 어머니께서는 저를 임신하셨을 때 딸인 줄 알고 지우려고 민간요법으로 독한 약을 계속 드셨다고 합니다. 그래서 저는 태어나면서부터 약 후유증으로 중환자 상태였습니다. 돌 전에 죽었다가 다시 살아났습니다. 자라면서는 급성빈혈로 밥 먹다 쓰러지고 놀다가 쓰러지고 학교에서 공부하다 책상을 안고 쓰러졌습니다. 그밖에도 담 결림과 변비로 인한 치질로 평생 동안 고생을 하였습니다. 나이가 들어서는 혈압이 높아 혈압 약을 먹었습니다. 하지만 2010년 5월에 입도를 하면서부터 매일같이 태을주를 3천독 이상 읽었는데, 혈압이 정상으로 돌아와 병원에서 평생 먹어야 한다던 약을 끊었습니다. 지속적으로 태을주 읽는 횟수를 늘려 6천독씩 읽으면서 아프던 대퇴부 고관절이 완전히 나았습니다. 최근에는 매일같이 만독씩을 읽고 도공을 하였더니 평생 고생하던 치질과 담 결림이 저도 모르게 완전히 나았습니다.

 '만병통치 태을주' 라는 상제님 말씀처럼 제가 가지고
있는 모든 잔병들이 하나씩 떨어져 나가는 것을 체험하면
서 일상을 태을주 읽기에 주력하고 있습니다.

주먹으로 가슴을 치며 울결된 마음의 상처를 치유해

부산온천도장 / 하정옥(여, 40)

　도공 시 '지기금지원위대강'을 읽을 때, 처음에는 가슴에 두 손을 모으는 동작을 했습니다. 그러다가 옆에서 성도님들이 파도치듯이 도공을 하게 되자, 저도 모르게 울음이 터졌습니다. 어릴 때 아버지에게 혼났던 일이 생각난 것입니다. 도공을 시작하자 그때의 감정과 동작까지 고스란히 느껴졌습니다. 저는 제대로 울지도 못하고 계속 맞고만 있었는데, 당시의 억울하고 분한 감정이 살아났습니다. 그때의 동작도 제가 그대로 하고 있었습니다. 너무나 아파서 얼굴과 머리는 안 때렸으면 좋겠다는 생각으로 나도 모르게 왼손을 들어서 얼굴을 막았습니다. 그때 왼손으로 날아든 지게 작대기에 제 팔이 맞았었나 봅니다.

도공을 하는 내내 온 몸이 사시나무 떨듯 덜덜 떨리고 특히 왼팔이 계속 떨렸습니다. 너무 많이 울어서 눈물, 콧물이 마구 나오고 나중에는 가래 같은 것이 3번 이상 나오고 토할 것처럼 속이 크게 울렁거렸습니다. 짐승의 날 울음소리 같은 것이 계속 나와서 두 손으로 얼굴을 가리고 계속 우는데, 나중에는 눈조차 뜰 수가 없었습니다. 쓰러질 것 같았고, 이대로 넘어져서 제가 없어져 버렸으면 좋겠다는 생각이 들었습니다. 편도도 부은 것 같고 목소리도 안 나와서 어떻게 할까 하고 있는데 옆에서 성도님들이 소리도 지르고 들썩들썩 힘차게 도공을 하는 소리가 들렸습니다. 저에게 '괜찮아, 힘내!' 라고 하는 것처럼 느껴지면서 '해보자' 라는 생각이 들었습니다. 저는 입술 소리로 계속 '지기금지원위대강'을 외웠습니다. 그랬더니 숨이 쉬어지면서 조금 괜찮아졌습니다. 다음으로 주먹을 쥐고 가슴을 마구 두드리는 동작을 하게 되었습니다. 울결된 것을 풀려는 동작처럼 느껴졌습니다. 도훈을 마치고 두 번째 도공을 할 때였습니다. 아까까지만 해도 목소리도 잘 안 나왔는데, 도공 서원문을 읽자 목소리에 힘이 들어가는 것을 느꼈습니다. 태을주 도공을 하자 양손을 벌리고 옛날 사람들이 춤을 추듯이 덩실덩실 춤이 추어졌습니다. 제 앞에 북이 3개 있었는데 그것을 마구 두드리면서 기분 좋게 도공을 하였습니다. 사부님께서 마지막 3분이라고 말씀하실 때는 오른손으로 제 키보다 높이 있는 북을 계속 치는 동작을 하였습니다. 그리고 나서 두 손을 모으고 계속 고개를 숙이는 동작을 했습니다. 그것은 마치 옛날 사람들이 청수를 떠놓고 빌던 그 모습과 흡사했습니다. 나중에 집에 와서 보니 빨갛게 피멍이 여러 군데 들어 있었습니다. (2015년 8월 26일)

도장에서 수행했더니 막내아들이 완쾌돼

서울목동도장 / 이순금(여, 41)

지난 8월 29일 토요일 밤부터 네 살배기 막내아들이 고열에 시달렸습니다. 아픈 아이를 뒤로한 채 다음 날 일요일에 일산 마두도장에서 신앙하는 언니에게 가서 천도식을 모시고 돌아왔습니다. 월요일 퇴근 후에 집에 돌아와 아들의 상태를 살펴보니 너무도 마음이 아팠습니다. 약을 먹어도 차도가 없었고 목이 아파서인지 벙어리가 된 듯 목소리가 나오질 않았으며 심지어는 숨을 쉬는 데에도 힘겨워하는 정도였습니다. 곧바로 도장에 나가 수행을 하면서 조상님께 그동안 게으름을 피운 저를 용서해 달라고 빌고, 또 아이의 병을 낫게 해 달라고 빌었습니다. 전 주문을 21독씩 송주하고 있는 도중 가슴 한복판이 저리는 듯한 기운을 강하게 느꼈습니다. 주송이 끝날 때까지도 가슴이 저리고 울리는 느낌이 들었습니다. 수행이 끝나고 집에 도착해보니 도장에 나오기 전까지 목소리는 물론이고 숨조차 쉬기 힘들어 했던 아들이 "엄마!" 하고 달려오는 것이었습니다. 큰 체험은 아니지만 제게는 너무나 소중한 체험이었습니다. 천지일월 하느님과 조상님들께 정말 감사드립니다.

백회로부터 뜨거운 불 기운이 내려와

부산가야도장 / 고기영(여, 28)

　오늘 도공은 참회로부터 시작해서 천지광명의 한없이 밝은 조화기운을 듬뿍 받았습니다. 또 내면과 외면의 어둠을 몰아내고 성도님들과 하나가 되어 그 기운을 나누는 신나는 도공을 했습니다. 태을주와 '지기금지원위대강'을 읽으며 도공을 할 때 머리 위로 내려오는 기운을 손을 뻗어 받아 내리다가 몸이 뒤로 젖혀져 누워서 도공을 하게 되었습니다. '지기금지원위대강'을 외우며 양팔을 둥글게 휘저었는데 누워있는 몸 바로 정면에서 밝은 빛들이 퍼져 내려오기도 하고 백회로부터 뜨거운 불기운이 쭉 들어오면서 목, 가슴, 배, 등을 거쳐 하체 쪽으로 내려왔습니다. 수직, 수평으로 사방에서 기운이 내려오는데 누워서 그 기운을 다 쬐니까 너무너무 편안하고 기분이 좋았습니다. 누워 있다 일어서서 도공을 하는데 몸이 날아갈 듯이 가벼워서 위아래로 뛰면서 팔도 위아래 좌우로 흔들었습니다. 머리 위에서부터 계속 불기운이 수직으로 내려와 온몸을 뜨겁게 데워주었고, 주변이 온통 하얗게 빛이 났습니다. 정말 환하고 힘이 넘치게 해주는 기운이라 주변 성도님들과 꼭 살리고 싶은 사람들에게 그 기운을 나눠주고 싶어서 치어리더가 응원을 하듯이 양팔과 양손을 힘차게 흔들며 온몸으로 춤을 추었습니다. 마지막에 마무리로 태을주와 '지기금지원위대강'을 할 때는 자리에 앉아 다시 제 자신을 향해 도공을 하게 되었습니다. 이때 주문 읽는 소리에 집중하며 기운이 가는 곳에 손으로 아픈 부위를 살살 두드렸는데 폐부肺腑가 따끔거리면서 한동안 기침이 나오다가 안정이 되었습니다. 며칠 전 한기가 들어 감기 초기증상으로 콧물과 코막힘, 두통이 있어서 불편했는데 오늘 완전히 나아버렸습니다. 그전에도 감기 초기증상부터 몇 주간 심하게 걸린 목감기까지도 도공을 통해 자연스레 치유된 경험이 있었는데 오늘도 정말 신기했습니다. (2015년 9월 7일)

아랫배를 두드리는 도공으로 자궁의 혹이 사라져

진해여좌도장 / 김소영(여, 35)

처음 종도사님과 함께 '지기금지원위대강'을 외치시면서 도공에 들어갈 때 저는 종도사님 모습을 마음에 담으면서 주문을 읽었습니다. 주문을 읽음과 동시에 주황빛의 사람 형상이 보였습니다. 그리고 태을주 도공을 할 때는 종도사님께서 앉아 계신 자리의 위쪽 앞부분에 커다란 구멍이 생겼고 거기서 황금빛의 기운들이 나오고 있었습니다. 또 위쪽을 보고 도공을 하다가 우연히 밑으로 고개를 숙이며 바닥을 보는 자세가 되었는데, 바닥에는 전부 황금빛의 안개 같은 기운이 엉덩이 위까지 넓게 펴져 있었습니다. 정성수행을 게을리할 때는 도공을 하더라도 크게 체험한 적이 없었는데 이번에 강력한 체험을 처음 하게 된 것은 정성 공부를 열심히 했기 때문인 것 같습니다. 저는 결혼하기 8년 전에 자궁근종 판정을 받고 자궁에 혹이 생겼습니다. 결혼하고 애를 낳으면 나을 수도 있다고 했지만 셋째를 낳을 때까지도 자궁에 혹(3cm 크기)이 사라지지 않고 있었습니다. 그런데 얼마 전 자궁경부암 검사를 받으러 산부인과에 갔을 때 자궁근종이 깨끗하게 사라졌다는 판정을 받았습니다. 도공을 할 때마다 수시로 아랫배를 두드리는 동작을 계속하였는데 자궁근종을 치료하기 위해서 그랬던 것 같습니다. 도공의 치유 은혜에 감사할 따름입니다. (2015년 10월 14일)

두번의 암수술을 극복
하고 제2의 삶을 찾아

춘천중앙도장 / 김종태(남, 76)

저는 평생을 운동을 하며 살아왔습니다. 개인적으로 철인 10종 경기에서 1위도 해 보았고, 노르딕 경기에서도 1등을 해 보았습니다. 육군, 해군, 공군, 해병대의 체력 특급자 대회에서도 1등을 하였습니다. 겉으로 보기에는 매우 튼튼하였습니다. 그런 제가 2011년에 대장암 수술을 받고 병원에서 21일 동안 치료를 받았습니다. 병원 치료를 끝내고 집에 돌아와 자가치료를 하는 중에 상생방송을 접하였습니다. 상담실에 전화를 했더니 '천지성공' 이란 책자를 보내주었습니다. 재미가 좋아 매일매일 읽었습니다. 다음으로 '새시대새진리', '이것이 개벽이다', '개벽실제상황', '우주변화의 원리', '도전', '환단고기' 등을 구입하여 읽으며 도장을 방문하여 21일 정성수행을 하였습니다. 2012년 6월 태을궁 대천제에 다녀와서 정식으로 입도하였습니다. 2013년에 저는 또다시 소장과 간암 수술을 받았습니다. 이번에도 21일 동안 병원 치료를 받고 집에 돌아왔습니다. 수술 후에는 집에서 걷기 조차 힘들었습니다. 하루는 동네 작은 산에 올라 자리를 깔고 태을주를 읽다가 힘들어서 누워 있었습니다. 비몽사몽간에 눈을 뜨니 눈 앞에 머리에 흰 테를 두른 장군의 모습이 보이더니 점점 멀어져 갔습니다. 저는 눈물이 나면서 '아! 이제 내 운명의 날이 오는구나' 하는 생각이 들었습니다. 이후로는 저를 보는 주위의 시선들도 좋지않게 느껴졌습니다. 이제 할 수 있는 일은 청수를 모시고 주문을 읽는 것 뿐이었습니다. 아침에 청수를 모시고 주문을 읽고 태을주를 한 시간씩 읽었습니다. 태을주를 읽으면서 도공을 하였습니다. 그랬더니 저의 몸에 변화가 생겼습니다. 서서히 건강을 회복하여 좀 더 먼 거리를 걸을 수 있게 되었습니다. 지속적으로 매일 빠지지 않고 수행과 도공을 하자 점차 몸이 좋아졌습니다. 요즘은 매일 2시간씩 운동 삼아 100리 정도를 자전거를 타고 있습니다. 얼마 전 도장에서 일요일에 종도사님을 따라 도공을 하는데 눈앞에서 어린 아이가 왔다갔다 하더니 제 앞에 와서 머리에 흰 꽃가루를 뿌렸습니다. 마음속으로 '장난을 너무 치네, 이 제 그만' 하였는데 눈을 뜨고 돌아보니 아이는 보이지 않 았습니다. 저는 각 종교에 관한 책을 많이 읽고, 기에 관 한 수련도 몇 년을 했습니다. 온갖 것을 다 해보았지만 태 을주 읽고 도공하는 것에 견줄 수 없었습니다. 저는 지구 에 봄, 여름, 가을, 겨울이 있듯이 우주에 봄, 여름, 가을, 겨울 1년이 있고 사람에게도 봄, 여름, 가을, 겨울이 있다 는 것을 증산도 공부를 하면서 알았습니다. 이제 가을철 에 접어 든 제 인생을 돌아보니 봄, 여름 시절에는 체육교 사로서 제 자신은 물론이고 후배들을 열심히 뛰고 달리고 던지게 하였습니다. 사실 제가 운동을 많이 했습니다. 체 육고등학교를 설립하고 학생들을 가르칠 정도면 얼마나 많이 했겠습니까? 덕분에 '푸른 기장' 상을 3회나 받았 고 장관상도 3회 받았습니다. 책도 4,000권을 만들어 초, 중, 고교에 보냈습니다. 오직 신체를 단련하는데 몰두하 였습니다. 이제 와서 생각해 보니 '심기신心氣身을 동시 에 가르쳤으면 운동선수들이 선수생활을 은퇴한 후 방황 하는 일이 적었을 텐데' 하는 후회가 들었습니다. 고목나 무에 꽃이 핀다는 말씀과 같이 이제야 철이 드나 봅니다.

저는 늘 마음을 그릇에 비유합니다. 그릇을 잘 닦아서 도의 씨앗을 담아 물을 주고 싹을 틔워서 꽃을 피우고 열매를 맺는 것이 이제 제가 해야 할 일인 것 같습니다. 저는 3년전 부터 역사 공부 그룹(삼락회)을 만들어 지인 6명과 환단고기를 구입하여 1년에 6개월씩 공부하였습니다. 환단고기를 읽을 때 우리의 국통맥이 이어져서 가슴이 뻥하고 뚫리는 기분이었습니다. 종도사님께서 세계에 나가셔서 역사 콘서트를 하실 때, 저는 너무 통쾌하고 가슴이 뿌듯하였습니다. 북 콘서트를 수없이 반복해서 시청하였고 환단고기 원전을 7번이나 필사하였습니다. 환단고기와 도전은 한 마디로 저에게 민족의 푯대와 기상과 자존심을 심어 주었습니다. 나무는 뿌리가 없으면 말라 죽습니다. 역사정신과 도가 없다면 나라가 망해버립니다. 이것을 환단고기를 통해서 알게 되었습니다. 또 하늘과 땅과 인간이 하나라는 사실과 신과 기가 하나라는 것, 하늘과 땅의 법칙에 따라야 한다는 것을 알았습니다. 이 땅에 오신 증산상제님의 뜻을 받들어 우주일가의 행복한 지상낙원을 이루시기 위해 노력하시는 종도사님 감사드립니다. 전 세계에 우리 민족의 자존심과 긍지를 심어주시는 종도사님 참으로 감사드립니다. 제 인생이 제2의 삶을 찾

았고 확실한 목표를 찾았습니다. (2015년 7월 12일)

체험 발표 영상

생활과 신앙의 혁신

재생신 재생신이요, 조화 조화 만사지라.

지심대도술知心大道術이니

깊은 마음의 문을 열어 하나같이 새사람이 될지니라.

천갱생 지갱생은 다 끝났으니 이제는 인갱생人更生이 크

니라. 道典 11:205

너무 반가워요
상제님, 태모님

통영북신도장 / 강종선(여, 64)

안녕하십니까? 저는 올해 봄에 통영도장에서 입도한 강종선 신도입니다. 저는 임진壬辰생으로 올해 63세입니다.

본성을 행하고 기도하라

저는 성격이 급해 상제님 태모님을 알고나자 빨리 입도해서 증산도대학교를 다녀야했습니다. 양가 부모님의 천도식을 올려드리는 것이 소원이었기에 더욱 그랬습니다. 입도성금인 줄도 모르고 입학금을 가지고 "입학하러 왔습니다." 하고서 입도하고 이후에 양가 천도식까지 바로 올려드렸습니다.

지금 이 자리에는 우리 역사를 찾아, 뿌리를 찾아오신 분들이 많이 계실 것입니다. 저는 입도하기 3년 전 어느 날, 통영 한산도에 있는 친정집 바닷가에서 기도할 때 47분 단군님의 모습을 뵌 적이 있습니다. 너무나 감동적이었는데 그때 받은 메시지가 '가정 없는 사회 없고 사회 없는 나라 없다.'는 교훈과 '본성으로 행하고 기도하는 인생을 살아라!'는 것이었습니다. 그날은 단군임금님이 상제님께 천제를 지내던 대영절인 음력 3월 16일 전날이었습니다. 이제 보니 그때부터 단군님을 통해서 상제님을 찾으라는 가르침을 받은 것 같아요.

매일 상제님이 내려주신 천부경과 태을주를 읽다

그 이후로 매일 인寅시에 수행하고 천부경을 읽기 시작했습니다. 이제 입도하고는 매일 새벽 상제님이 내려주신 천부경과 태을주를 읽고 있습니다.

제가 지금 걸고 있는 목걸이에 천부경이 새겨져 있습니다. 왼손에는 태을주를 새긴 단주를 제작하여 손에 걸고 있습니다. 새 생명을 주신 징표라 생각하고 수행할 때나 잠잘 때도 항상 끼고 있습니다. 오직 일심으로 본성광명 수행을 할 뿐입니다.

49일 정성수행 중 도공체험

　저는 2003년 전부터 왼쪽 귀가 아파서 중이염이라는 병을 앓았고 최근까지도 염증이 생겼어요. 오른쪽 귀도 언제부터인가 아팠기에 늘 힘들어 했습니다. 그러다가 도장에서 천도식을 올리고 태을주 수행을 하며 49일 정성수행 중에 엄청난 도공체험을 하게 되었습니다.

　매일 새벽 기도를 하는데 어느 날 커다란 신장들이 여럿 나타났습니다. 제 양옆으로 두 분이 섰는데 제게 도공을 내리시더군요. 내 옆에 서 있는 신장들이 너무 커서 무섭기도 했지만, 신장들이 내 몸을 두들기니 제 몸에 있던 척신이 나가면서 '어휴, 태을주 무서워.' 했습니다. 30년 동안 세상을 다니면서 기도하고 별스런 정성을 들여도 내 몸을 아프게 하고 괴롭히던 병근病根이 그대로 남았는데 계속 태을주를 읽고 나니 역시 만병통치 태을주요 무궁무궁 태을주라던 상제님 말씀이 참말이더군요.

　49일 수행 중 태을궁 수행에도 참여하며 여러 체험을 하였는데, 나중에 보니 귀도 호전되고 얼굴도 환해졌으며 혈액순환도 잘되어 다리에 핏줄이 돋아나 있는 것도 없어졌습니다. 그리고 지금은 완전히 나았습니다. 어찌 보은하지 않겠습니까?

천도보은치성 조상님 체험

또 한 가지 사례를 더 말씀 드리겠습니다.

저는 바로 일주일전 저희 도장에서 천도조상보은치성을 올린 한 성도님을 통해서 많은 깨우침을 얻었습니다. 이분은 가족을 위해 모든 것을 헌신하신 우리네 어머니 같은 모습이었습니다. 저는 그 성도님 천도보은치성을 올리던 날 놀라운 광경을 봤습니다.

눈을 감고 수행을 하고 있는데 제 눈 앞에서 천도된 조상신명들이 보였습니다. 천도된 양가의 조상 선령신들이 서로 악수를 나누고 기뻐하며 하늘로 오르고 있었는데 그 모습이 너무나 편안해 보였고 신기했습니다. 깜짝 놀라서 그 순간 눈을 떴더니 그분들의 위패가 조상신단에 봉안되고 있더군요. 그래서 저는 도장의 성도님들과 함께 더 크게 태을주를 읽어드렸습니다.

천도식이 다 끝나고 그 성도님께 그 집안 조상 선령신들의 생김새와 옷차림, 나이까지 확인하여 주니 놀라면서 딱 맞는다고 하더군요. 어찌 놀라지 않겠습니까. 이렇듯 항상 조상신명들은 늘 자손만을 위해 간절히 기도하나 봅니다. 살아서나 죽어서나 자식 걱정뿐이더군요.

종도사님을 따라가라

성도님 여러분, 얼마 전에는 제가 앉아서 수행할 때 지난 5월에 천도식을 올려드렸던 친정 어머니께서 흰 수도복을 입고서 마주 보고 태을주를 읽다가 이런 말씀을 전해 주셨습니다. "너희 갈 길 잘 나갈 수 있도록 종도사님 인도하시니 무슨 일을 만나도 만사형통할 거다. 시련, 걱정 없는 사람 누가 있겠나? 부질없이 쉬지 말고 기도하여 고하라. 이런 진실하신 분은 세상 어디가도 없으리오." 하시더군요.

한 가정을 돌보는 어머니 같은 간절한 정성으로

저는 여기 오늘 오신 분들께 정말 하고 싶은 이야기가 있습니다. 제가 어려서부터 학교 공부는 제대로 못했지만 깨달음과 정성으로 살아왔습니다.

또한, 증산도에서 공부하고 배운 것은 "정성이 사무쳐야 한다."는 것입니다. 그리고 도전 8편 81장 1절에는 "도라는 것이 따로 없나니 제 마음속에 도가 있느니라"라는 말씀이 있습니다.

이 자리에 계신 많은 분들이 종도사님의 한결같고 진실된 정성처럼, 그리고 한 가정을 먹이고 돌보는 우리들 어

머니의 간절한 정성으로 많은 가족과 지인들을 살려주셨
으면 합니다. 우리 모두 조상님께 보은하고, 천지부모님
께 보은하는 큰 일꾼 되시길 기원드립니다. 상제님 보은,
태모님 보은, 조상님 보은, 앞선 구도자님들 보은입니다!

(2014년 12월 21일 태을궁에서 발표)

태을주 수행으로 크론Crohn 병을 극복하고 새 생명 얻어

인천주안도장 / 김준영(남, 29)

저는 17살 때부터 12년 동안 앓던 크롬병을 앓았습니다. 그후 23살 때 상제님 진리를 만나 제 인생에 큰 구원을 받았습니다. 태을주 도공의 은혜를 통해 몸과 마음에 있던 병마를 극복한 치병사례를 말씀드리려 합니다. 제 사례가 많은 성도님들께 도움이 되었으면 좋겠습니다.

종도사님을 뵙다

입도 전 도장에서, 마침 운좋게도 종도사님께서 인천지역 순방을 오시는 때였습니다. 도장 방문 며칠 뒤 종도사님을 처음 뵙게 되어 도훈을 듣는데, 그 말씀이 마음에 와서 꽂히며 저의 마음에 있던 어둠을 걷어내는 느낌이었습니다. 그러면서 척추부터 시작해 온몸에 전기가 통하는 느낌을 받았습니다. 그러면서 확신했죠. 찾았다! 저 분이다, 저 분이 내가 찾던 스승님이라는 걸 탁 느끼고 제가 입도를 하게 됩니다.

그때 당시 저는 너무나 기뻤습니다! 세포 하나하나에 차오르는 기쁨은 이 세상에서 좋다는 어떤 약과도 비교할 바 없이 치유효과가 뛰어나다는 느낌을 받았습니다. 진리를 만나고 스승님을 만났다는 기쁨만으로 그때 병의 반이 날아갔다는 생각이 들었습니다.

아버지를 위한 천도식을 올려 드리고

이런 과정을 겪으면서 저는 아버지의 손길을 강하게 느꼈는데요. 조상님과 아버지의 천도식을 올려드리고 싶은데 당시 제 처지가 돈을 벌거나 하는 그런 상황이 아니었습니다. 제가 할 수 있는 건 기도를 드리는 것뿐이었죠.

그렇게 몇 개월 기도를 드렸는데 어느 날 신기한 일이 벌어졌습니다. 어머니께서 갑자기 대출을 받았다면서 쓰라고 목돈을 그냥 주시는 거예요. 그래서 이게 웬 떡이냐 하며 직선조 천도식을 올려드렸거든요. 그때도 제가 체험한 게 있는데 몇 가지만 말씀드리겠습니다.

천도식을 준비하며 정성수행을 하는 기간 중 어머니 꿈에 아버지가 나타나셨어요. 노란 한복을 입으시고 어머니 말씀 그대로 표현을 하면 아버지 몸에서 노란 광채가 났다고 해요. 그리고 아버지께서 살아생전에도 본 적이 없는 환한 미소를 지으시며 너무 좋아서 싱글벙글하는 모습이셨다고 합니다. 어머니께서는 네가 아버지 천도식 올려드리니까 좋아서 그런가보다 하면서 눈물을 흘리셨습니다.

그리고 천도식을 하면 위패를 올리는데요. 이 위패 모시는 것의 중요성을 깨닫는 체험이 있었습니다. 제가 어느 날 꿈을 꿨어요.

꿈이 할머니 댁에서 시작을 하는데, 할머니 댁에 큰방이 중앙에 있고 양옆으로 작은방이 있거든요. 오른쪽 방에 들어가 보니 방 한가운데에 사람 크기만한 나무 조각상이 있는 거예요. 그래서 "어 이게 우리 게 아닌데 왜 여기 있지?" 하는데 아버지가 갑자기 들어오세요. "아버지, 이거 우리 거 아니야. 이거 밖에 마당에다 치워야겠어요." 하니까 아버지가 끄덕끄덕 그러세요. 아버지가 번쩍 들어서 마당에 내놓으시는데 제가 따라가보니까 뭔가 마음에 안 들어요. 그래서 다시 "아버지, 그냥 이거 마당 밖으로, 집 밖으로 내놔야겠어요." 하니까 아버지가 또 끄덕끄덕하시고 그걸 들어서 밖으로 내놓으며 꿈이 끝났습니다. 보통 꿈을 꾸면 느낌이 오는데 이건 도통 뭔 꿈인지 알 수가 없었습니다.

그렇게 2~3일이 지나고 도장에서 청수를 모시게 되었는데, 마지막으로 조상님 신단을 모시면서 저희 집안 위패를 보니 못 보던 위패가 걸려져 있는 겁니다. 제 조상님 위패 위에 다른 성도님의 조상 위패가 떡 하니 걸려져 있는 거예요. 도장에서 한 번씩 위패 정리를 하는데, 정리하는 과정에서 실수로 그렇게 됐나 봅니다. 그제서야 비로소 그 꿈의 의미를 깨달았죠.

또한 천도식을 올려드리면서 그동안 한 주먹씩 먹던 약을 완전히 끊게 되었습니다.

살릴 생生 자 공부를 하며

그렇게 하나하나 배워가면서 우리가 실제로 상제님 신앙을 하는 목적인 살릴 생生 자 공부를 해 나갔는데요. 이게 쉽지가 않았습니다.

포감님을 따라 대학가에서 5년을 활동하면서 씨는 그런대로 많이 뿌렸는데 그게 수렴으로는 하나도 이어지지가 않았습니다. 좀 하려고 하면 한번씩 병이 말썽을 부리는 거예요. 스스로 마음이 그 병을 이겨내지 못해 계속 실패하고 좌절하는 것을 반복하며 5년을 이어왔습니다. 그러니 활동이 반복적으로 지속이 안 되고 맥이 끊기는 거죠.

그럴 때마다 선배 신앙인들이 경계를 넘어서야 한다고 조언을 하셨는데 그 말씀이 알 듯 말 듯 하여 경계를 넘지 못하였습니다. 개척활동을 하면서 진리와 함께 결론적으로 태을주를 전해야 하는데, 내가 세상에서 못 고치는 병을 가지고 있으면서 어떻게 태을주를 자신 있게 전할까라는 생각이 마음 한구석에 항상 있었습니다.

종도사님 말씀으로 마음의 병이 사라져

그렇게 아무 성과 없이 28살이 되어 맞이한 작년 갑오년 7월에도 종도사님께서 인천 순방을 오셨는데, 그때 저에게 큰 변화가 일어났습니다. 이 체험은 현재까지도 이어지고 있는데요. 순방 도훈이 있기 전에 도장에서 도정 보고를 하는 시간이었습니다. 제 차례가 되어 개인신상과 함께 제 병에 대해서 말씀을 드렸는데, 종도사님께서 제 병에 대해 자세히 물으신 후 저에게 이런 말씀을 해주셨습니다.

“그 병 아무것도 아니다. 3·7도수로 21일 정성수행 몇 번 하면 그냥 다 낫는 병이다.”라고 하셨습니다. 그 말씀을 들으면서 저는 기쁜 마음이 들었습니다. 도정보고 시간이 끝나고 구월도장으로 이동을 하는 중에 체험을 하였는데, 가슴에서 무엇인가 묵직하고 호박만한 게 쑤욱~ 빠져나가는 느낌을 받았습니다. 그 순간 속이 시원하면서 마치 몸에 박혀 있던 돌덩이가 빠져나가는 느낌을 받았고 몸이 가볍고 상쾌하였습니다.

저는 이게 뭔가 하고 곰곰이 생각하며 이동하는데 순간 머리를 번뜩 스치는 기억이 떠올랐습니다. 제가 처음 크론병 진단을 받을 때 의사로부터 “당신 병은 현대 의학으로는 고칠 수가 없고 평생 약을 먹어야 하며 가장 최선의 방법은 병세가 호전되었을 때 그 상태를 유지하는 것이다.”라는 말을 들었는데 저에게는 그게 굉장히 큰 충격이었습니다.

의사의 그 말이 제가 12년 동안을 병을 앓아오면서 마음속에 돌덩이처럼 박혀 있었나 봅니다. 주변에서 관심을 표하며 무슨 병이냐고 물어보는 사람들에게 저는 병원 의사가 한 말의 추종자가 되어서 수십 명 수백 명한테 앵무새처럼 똑같이 말을 반복하였고, ‘이 병은 못 고치는 병이다'라고 점점 마음에 각인이 돼버렸던 것이죠.

그러면서 제가 깨달은 게 뭐냐면 '아, 이게 내 스스로에게 한계를 짓도록 한 것이구나.' 하는 걸 느꼈습니다. 그리고 나뿐만이 아니라 다른 사람들도 이런 게 있을 수 있겠다 싶었어요. 우리가 살아오면서 보고 듣고 느끼고 체험하고 경험한 것들이 내 마음에 돌처럼 박혀서 내가 신앙을 하거나 어떤 일을 하는 데에 방해를 한다는 생각이 들었습니다.

신앙 태도를 바로잡다

제가 종도사님 말씀을 통해 큰 체험을 하면서 문제를 바로 보기 시작했습니다. 이후에 사부님 말씀대로 제대로 해봐야겠다는 마음이 강력하게 들었습니다. 그래서 저는 묵은 기운, 묵은 의식을 떨쳐내기 위해 하루 종일 운장주를 강력하게 읽어나가기 시작했습니다. 그러면서 스스로 자문자답을 하며 잘못됐다고 생각하는 것들을 하나하나 바로잡아가기 시작했습니다.

우선 기본적으로 조석 청수 모시는 것을 철저히 했습니다. 제가 그전에는 청수를 형식적으로 모시고 몸이 아프면 그것을 핑계 삼아 거르기도 많이 했어요. 종도사님 도훈 중에 "청수를 모시지 않는 사람은 신앙인이라 할 수 없다."는 말씀이 있는데, 그 말씀에 제가 깊은 반성을 했습니다. 이후부터는 온갖 핑계를 다 제쳐 두고 어떤 방법을 동원해서라도 정성을 다해 청수를 반드시 모시고 기도하고 수행하였습니다.

그렇게 하나하나 바로잡아가며 일주일 정도 지난 수요 치성일이었습니다. 종도사님 말씀을 받들고 있는데 그 도훈 말씀이 제 마음에 들어와 뜨겁게 느껴졌습니다. 그러면서 마음속에서 자꾸 글이 떠올랐습니다. 이게 뭐지 하는데 점점 강하게 글이 떠올라 그걸 다음과 같이 적어 놓았습니다.

병마야! 네가 나의 몸을 어지럽게 하고

고통스럽게 할 수 있을지언정

천지일월과 함께하는 나의 정신을 침범하지 못하고

나의 마음을 꺾지는 못하리라!

너를 통해 나의 마음은 더욱 굳건해질 것이고,

너로 인해 나태해짐을 항상 경계할 것이다.

너는 단지 심법을 닦는 수많은 도구 중 하나일 뿐이고,

너를 발판으로 삼아 나는 한 단계 성숙할 것이고

앞으로 나아갈 것이다!

이 글을 받고 제가 병을 대하는 자세가 확 달라졌습니다. 이 일로 용기를 얻어 더욱 정성스럽게 청수를 모시며 기도하고 수행해 나갔습니다.

21일 정성수행의 은혜

그러면서 어느덧 동지치성이 다가왔고 도장에서는 동지맞이 21일 새벽정성 수행을 준비하였습니다. 이때 저는 기회가 왔다고 생각하며 정성수행에 참여하였습니다.

새벽 4시 반에 기상하여 목욕재계하고 6시부터 도장에서 정성수행을 성도님들과 함께 진행해 나갔습니다. 정공과 도공을 하였는데 이틀차에 도공이 격렬하게 되었습니다. 무릎을 꿇고 했는데 다리와 엉덩이가 번쩍번쩍 들리며 도공 기운이 크게 내려왔습니다. 그러다 극치로 가니 어느 순간 몸과 마음이 고요하게 착 가라앉으며 제가 가슴 부분을 손으로 쓸어내리는데 마음속에서 말이 튀어나왔습니다. "그동안 고생했다. 그동안 애썼다. 많이 힘들었지? 이제 사람 많이 살리자" 라는 말이 나왔습니다.

그 순간 지난 12년의 시간 동안 병으로 고통받고 서러웠던 감정들이 물밀듯 몰려오는데 눈물이 펑펑 쏟아지며 엉엉 울었습니다. 부모님 속을 아프게 한 것, 병 때문에 발목 잡히고 시도조차 못해본 것, 포기한 것 등 수많은 감정들이 밀려오며 도공이 끝날 때까지 눈물이 쏟아졌습니다.

도공이 끝나고 그런 한과 서러움이 모두 씻겨 나가며 '아 이거 21일 제대로 끝마치면 병이 낫겠구나.' 라는 확신이 들었습니다.

이후 하루도 빠짐없이 정성수행을 하며 20일차가 되었습니다. 그날 도공을 시작하며 '지기금지원위대강'을 하는데 눈물이 쏟아져 내리며 마음속에서 진심이 담긴 말이 튀어나왔습니다. "감사합니다." 도공이 끝날 때까지 감사합니다란 말과 눈물이 쏟아졌습니다. 도공이 끝난 후 저는 느낄 수 있었습니다. 아, 병이 나아버렸구나.

의식 속에서 사라진 병마

그 뒤로는 의식 속에서 병 자체가 사라졌습니다. 그 전에는 항상 의식 속에 '나는 병자다, 나는 크론병 환자다' 라는 게 있어 '병이 있으니 이건 못해, 저건 아마 못할 거야' 하며 스스로 한계를 정했는데 그런 생각과 의식 자체가 마음속에서 사라졌습니다.

또 그전에는 항상 밑에서 누가 매달려 땅바닥으로 당기는 느낌처럼 몸이 힘들었는데 오히려 이젠 누가 위로 받쳐 올려주듯이 몸이 가볍고 자신감이 붙었습니다.

그리고 동지치성을 모시고 온 뒤로 일주일 정도 지난 후 실제로 몸에도 변화가 일어났습니다. 한 3일 동안 뒤로 시커먼 피가 쏟아졌습니다. 그러고 난 뒤에 봤는데 제 몸에 있던 합병증 그게 깨끗하게 다 사라지고 그동안 저를 괴롭혀 오던 복통과 설사들 그런 게 다 사라졌습니다.

그전에는 복통과 설사 뒤 통증 때문에 밖에 외출하는 것 자체가 심리적으로 불안하고 위축되고 자신감도 떨어지고 그랬는데 이게 다 나아 그동안 족쇄처럼 여겨지던 모든 고통들로부터 해방되니 몸이 날아갈 것 같았고, 천지일월부모님께 너무 감사한 마음밖에 안 들고 보은의 마음이 크게 일었습니다.

큰 서원을 세우다

그래서 제가 크게 서원을 세웠습니다. 을미년에는 내 신앙 역사상 가장 강력하게 사람을 살리는 일을 해보자!

이렇게 서원을 세워 정성수행에 들어갔고 그때부터 조화가 터지기 시작했습니다. 그전에 제가 5년 동안 포교활동을 하며 씨를 많이 뿌렸지만 한 번도 성과라던가 동아리 회원가입을 시킨 적이 없었는데, 이제는 반응이 나타나기 시작했습니다. 설문활동을 하거나 홍보물을 붙이면 연락이 오고 동아리방 인도가 쉽게 쉽게 되는 겁니다.

그래서 지난 달인 6월까지 제가 신앙을 하면서 처음으로 대상자 수렴 활동 때문에 굉장히 바쁜 시간을 보냈습니다. 그중 몽골에서 유학을 온 19세 여성은 도장 인도까지 되었습니다.

어머니와 함께 구도의 길로

그리고 또 저에게 너무너무 말할 수 없이 기쁜 일이 일어났는데요. 그건 어머니께서 제가 병이 다 나은 걸 확인하시고 마음이 크게 열리신 것입니다. 그전에는 제가 태을주라든지 진리 이야기를 하면 그거 다 네 믿음일 뿐이라고 말씀하시곤 했는데, 실제로 어머니 두 눈으로 그걸 확인하시게 되면서 신앙을 같이 할 수 있는 계기가 마련된 것입니다.

그렇게 6월을 보내면서 정성수행을 통해 어머니께서 도장에 인도되셨고 팔관법 교육을 받게 되었습니다. 또 아버지께서 어머니 꿈에 나타나 지원까지 해주신 덕분에,

어머니께서는 팔관법 교육을 무사히 마치고 입도를 준비하고 계십니다.

저는 이제껏 항상 어머니께 죄송스러운 마음을 가지고 있었는데요. 제가 병이 나으며 자주 웃어 드리니 어머니도 좋아하시고, 또 진리교육을 받으신 어머니께서도 웃음꽃이 피어나니 저 또한 그 기쁨을 다 말할 수가 없습니다. 가족과 도담을 나눌 수 있다는 게 너무나 축복이라는 것을 느끼는 하루하루를 보내고 있습니다. 이렇게 해서 제 체험이 지금까지 이어져 오고 있는데요.

제 이야기는 끝나지 않은 진행형입니다. 아직 해야 할 일이 많이 남았으니까요. 혹시 성도님들의 앞을 가로막고 있는 벽이 있다면 오늘 제 이야기를 통해 그것을 당당히 넘을 수 있는, 그런 힘을 얻으시면 좋겠습니다. 보은! (2015년 7월 22일 인천순방)

STB 신앙 에세이 24회 김준영 성도님 편

태을궁 수행체험

태전 교육문화회관에 있는 태을궁은 상제님, 태모
님을 모신 신앙의 집이자 증산도 도생들이 영적으
로 새로 태어나는 '진리의 자궁' 입니다.

2015년 7월 25일, 26일 양일간 본부 태을궁에서 청소년 수련회가 열렸습니다. 당시 청소년 도생들의 수행체험들을 소개합니다.

도공으로 내면의 어두운 기운을 몰아내다

태전도안도장 / 서지연 (여, 17)

처음에 종도사님 성음에 맞춰 주문을 읽으면서 '아무런 생각도 하지 말아야지' 하며 모든 것을 내려놓은 편안한 상태에서 도공수행에 들어갔습니다. 평소 도공을 할 때에는 항상 잡생각이 들어 도공에 집중을 하기가 어려웠습니다. 무엇 때문인지 잘 모르겠지만 그날따라 도공에 몰입이 너무 잘 되었고 온몸에 시원하게 들려오는 북소리가 저를 신이 나게 해서 더 집중할 수 있었습니다.

도공을 하면서 계속 몸에 있는 어둡고 더럽게 느껴지는 무언가를 꺼냈는데 꺼내면 꺼낼수록 몸이 가벼워지고 깨끗해지는 것 같아서 기분이 좋았습니다.

그 뒤 몸이 점점 뜨거워지고 심장 박동수가 빨라지는 것을 느꼈습니다. 심장이 쿵쾅쿵쾅거리며 감당할 수 없을 정도로 뛰고 호흡이 거칠어졌습니다. 그 과정에서 손끝과 등판 가운데 부분으로 뜨거운 기운에 밀려 스멀스멀 기어 나오듯이 차가운 기운이 몰리기 시작했습니다. 물과 기름의 경계가 생기는 것처럼 푸르스름한 아주 차가운 기운과 열기가 분리되어 보였습니다.

평소 몸이 찬 저는 이 차가운 기운들이 냉기가 아닐까 하는 생각이 들어 계속해서 빼내려 하였습니다. 아무리 흔들고 털어내도 떨어지지 않아서 너무 답답했습니다. 이 차가운 기운에만 집중을 하고 도공을 하다가 종도사님께서 "마지막 1분!" 하고 외치시면서 힘차게 주문을 읽어주실 때, 그 차가운 냉기가 갈비뼈를 타고 쭈욱 내려왔습니다. 그러더니 어느 순간 꼬리뼈 쪽에서 쏙 빠지고, 손끝에 냉기도 쏙 빠지면서 온몸에 힘이 다 빠지고 소름이 돋았습니다.

도공이 끝난 후에도 그 때 그 순간이 신기하기도 했고 당황스럽기도 해서 다른 생각은 조금도 할 수 없었습니다. 온몸에 힘이 빠져 목소리도 다리도 후들후들 떨려왔습니다. 좀처럼 진정되지 않는 심장박동과 거친 호흡이 낯설었습니다.

종도사님께서는 저에게 "신앙 열심히 해라"라고 말씀해주셨습니다. 그 말씀이 머릿속에서, 귓속에서 계속 맴돌아 다른 일이 손에 잡히지 않았습니다.

그 후 차분해진 상태에서 성전에 가 상제님 태모님 전에 기도를 올렸습니다. 지금까지 상제님 신앙에 소홀했던 제 모습들을 뒤돌아보고 오늘 도공하면서 느끼게 된 작지만 큰 체험까지 감사와 죄송한 마음을 함께 담아 정성스럽게 기도를 드렸습니다. 그 뒤 배례를 하면서 앞으로 어떻게 해야 할 것인지, 지금 나에게 중요한 일은 무엇인지 다시 생각해보며 복잡했던 마음이 풀릴 때까지 눈물을 쏟아내었습니다.

종도사님께서 말씀하신 대로 '다시 나를 다듬고 가꾸어서 상제님 신앙을 더 열심히 하는 내가 되어야지' 하는 다짐을 가슴 속에 깊이 되새길 수 있는 값진 시간이 된 것 같아 좋았습니다.

이번 체험을 계기로 다시 나를 바꿀 수 있는 의미 있는 시간이 되었기에 모든 것에 감사하는 마음이 들었습니다. 앞으로 더 열심히 노력하겠습니다.

태을주가 초록색을 띤 한자로 보이다

인천송림도장 / 김난이 (여, 15)

　태을주를 읽을 때부터 체험을 했는데 처음에 팔꿈치 아래 정도 크기의 하얀 손이 나와서 제 오른팔을 잡고 흔들었습니다. 도공을 하면서 팔을 흔들려고 한 것이 아닌데 계속 흔들어졌습니다.

　이번에는 손으로 공 모양을 만들면서 도공을 계속하고 있었는데 손바닥에서 파란색 기운이 계속 나오고 주변에 계신 성도님들이 읽고 있는 태을주가 한자로 보이면서 초록색을 띠고 있는 것이 보였습니다. 파란색 기운과 태을주 기운이 모이면서 공을 만들다가 갑자기 사라졌습니다.

　계속 도공을 했더니 다시 하얀 손이 나와서 제 양손을 잡고 흔들면서 계속 위쪽으로 끌고가는 듯한 느낌이 들었

습니다. 계속 끌려가는 느낌이 싫어서 손을 계속 털었더
니 하얀 손도 없어지고 도공하기 전에 아팠던 허리와 다
리, 어깨가 다 나은 듯 가뿐하였습니다.

　도공을 계속하면서 오른쪽에 두꺼운 사각기둥이 서있는
듯 느껴졌는데 도공이 끝난 후에도 그 느낌이 여전히 남
아 있었습니다.

황금색 공작이 저를 쳐다보고 사라져

부천도장 / 이기림(여, 18)

　이번 청소년 수련회에서는 종도사님께서 직접 저희 청포 일꾼들에게 도공을 내려주셨습니다. 도공을 하던 도중에 저는 온통 황금빛으로 가득 찬 들판에 황금색 공작이 날개를 활짝 펴고 잠시 저를 쳐다보고는 사라지는 것을 보았습니다.

　또 보고 싶어서 도공을 열심히 하던 도중 종도사님께서 마지막 3분을 외치셨을 때 저의 하얀 사발 그릇에 깃털 하나가 떨어졌고 기분이 좋아진 저는 춤을 추는 모습을 하며 도공을 마무리했습니다. 도공을 마치고 몸이 아픈 곳이 없어서 치유된 곳은 없었지만 기운은 정말 맑고 깨끗한 느낌이었습니다.

사실 수련회에 오기 몇 주 전 종도사님이 다른 지역에서 말씀과 함께 도공을 내려주실 때 저는 하늘에서 작은 천둥이 내리치는 것을 체험한 적이 있습니다. 그때 당시 한 성도님께서 '크게 천둥이 치며 도공기운을 받았다'고 증언했을 때 저는 '아… 내가 신앙심이 부족해 천둥이 적게 쳤구나' 하는 생각도 들었습니다. 그때 작은 천둥이 쳤을 때보다 수련회에서 느낀 도공기운이 훨씬 더 크고 아름다웠습니다.

시원한 기운에 통증들이 한꺼번에 사라져 버려

전주덕진도장 / 김가희(여, 16)

처음에 북소리가 들리자 흥이 나서 어느 때 보다 열심히, 신나게 도공을 하였습니다. 사실 도공을 하기 전부터 오늘 종도사님 말씀 듣고 아무 방해없이, 자유롭고 눈치 안보는 도공을 하고 싶었기 때문에 더 열심히 한 것 같습니다. 도공이 시작되고 잡념이 들지 않게 속눈을 뜨기는 조금 힘들었지만 어느새 적응하고 저도 모르게 재미있어 하고 있었습니다. 또 옆에서 도공하는 동료가 열심히 하자 승부욕이 생겨서 더욱 도공에 빠져들게 되었습니다. 어느 순간이었는지는 정확히 모르겠지만 갑자기 위에서 시원한 느낌이 드는 기운이 내려왔습니다. 그러자 등, 허리, 다리 등의 몸들이 시원해지면서 기분이 좋아졌습니다. 제가 사실 가만히 있으면 몸이 움직이고 싶어서 안달이 나거나 몸이 굳은 듯이 아픕니다. 그런데 그런 통증들이 시원한 기운을 받으니까 한꺼번에 사라져 버렸습니다. 너무 기분이 좋았고 꼭 몸이 정화되는 느낌이었습니다. 제가 말한 시원한 느낌은 형태는 보이지 않았지만 색은 왠지 하얀색인거 같은 느낌이 들었어요. 한참 그러고 있다가 제가 도공을 더 세게 하고 싶은 마음에 더 몸을 격하게 흔드니까 몸이 힘들어서 그런지 갑자기 기운이 사라졌습니다. 그게 너무 아쉬웠고, 다음엔 제대로 해서 더욱 나아지고 싶습니다.

폭포수처럼 쏟아지는
물 속에 제 몸이 잠겨

창원명서도장 / 박정원(남, 20)

저는 스트레스성 장염으로 잦은 배탈과 두통이 있습니다. 도공에 들어가기 직전인 도훈 말씀 중간에도 두통이 심했고 배탈 때문에 화장실을 왔다갔다 했습니다. 도공에 들어가고 얼마 후 눈 앞에 계곡의 모습이 그려지더니 머리 위로 물이 폭포수처럼 쏟아지는 기운을 받았습니다. 그렇게 한참을 쏟아지더니 차츰차츰 물이 차올라 나중에는 제 몸이 물 속에 들어가 있는 체험을 느꼈습니다. 이 과정에서 두통과 배탈이 어느샌가 없어지게 되었습니다. 한참을 그렇게 도공을 하는데 계속 무릎을 꿇고 해도 괜찮던 다리가 아파오면서 그곳에 신경을 쓰게 되었고 자세를 바꿔 아픈 다리에 신경을 쓰며 주무르기 시작하자 물컵에 든 물을 확 뿌리면 안에 내용물이 싹 비워지듯이 기운이 끊기게 되었습니다.

깃털이 앉는 느낌으로 몸을 흔들며 뛰어

원주우산도장 / 최준서(남, 18)

    그동안 도장 치성에 참여를 잘 못한 까닭과 함께 여러 활동 후 바로 수련회에 참가했기에 피로와 스트레스가 많이 축적되어 있는 상태였습니다. 그래서인지 한시라도 빨리 북소리를 들으며 도공을 하고 싶었습니다. 종도사님께서 도공을 명하시고 북소리가 시작되자 나의 의지와 상관없이 소리 따라 몸이 움직였습니다, 흔드는 대로 흔들고 뻗는 대로 뻗으며 시천주주와 태을주를 있는 힘껏 소리치며 외웠습니다. 처음에는 도공에 잘 빠져 가벼워지는 느낌이 들었으나 점점 시간이 지날수록 가벼운 느낌이 아닌 붉고 무거운 기운이 머리와 목을 짓누르듯이 계속 누르고 있었습니다. 온갖 생각과 환상이 눈앞에 맴돌며 나를 괴

롭혔습니다. 태을주를 읽고 싶었으나 목이 쉰 듯 소리가
나오지 않았습니다. 그 상황에서 나는 두려움과 함께 마
음을 가다듬어야겠다는 생각이 들어 상제님과 태모님 태
상종도사님과 조상님의 얼굴을 떠올리고 상상하며 도와
달라 외치고 기도했습니다. 그러나 차도는 없었고 오히려
몸 전체가 돌덩이가 된 듯 가누기조차 힘이 들었습니다.
그리고 종도사님께서 마지막 3분이라고 외치셨을 때 몸
의 모든 것을 짊어지고 일어나서 뛰면서 몸을 흔들며 털
어냈습니다. 뛰면 뛸수록 무거움은 날아가고 깃털이 앉는
듯한 느낌이 온몸에 스며 들었습니다. 머릿속은 하얘지듯
이 복잡하지 않고 평온하며 편안했습니다. 머리를 감싸던
붉은 기운이 발 아래쪽으로 가며 점점 푸른 색감이 되어
가고 몸의 불균형을 이루던 부분들이 차차 제자리를 찾아
가도록 도와주는 상태로 변해갔습니다. 도공이 끝나고 해
시 이전에 잠들어 묘시에 깨어난 듯 온몸이 상쾌하고 맑
게 일어났습니다. 조상님을 직접 뵌 것도 아니고 특징적
인 기운을 받지는 않았으나 지금까지의 도공들 중 몸의
정기를 가장 올바르게 세워준 튼튼한 기반의 도공기도로
남았습니다.

노란색, 초록색, 보라색 빛들이 머리를 감싸고 돌다가 사라져

태전대덕도장 / 김채윤(여, 16)

어깨가 많이 뭉쳐서 아팠는데 시천주주할 때 어떤 손이 내 어깨를 강하게 눌렀는데 그 순간은 너무 아팠지만 점차 어깨 아팠던 것이 풀렸습니다. '지기금지원위대강'을 외울 때는 빛이 보였는데 하얀색 노란색 초록색으로 보였고 빛의 끝부분엔 보라색도 약간 보였습니다. 그 빛들이 머리를 감싸고 돌다가 사라졌습니다. 태을주를 할 때는 무릎이 너무 아파서 다리를 뻗고 싶었는데 차마 앞으로 뻗을 수 없어서 옆으로 다리를 벌렸는데 일자로 확 벌어지고 무릎을 막 치는 것이었습니다. 허리에 힘이 없어서 중심을 못 잡으니까 어떤 손이 내 등을 딱 받쳐주었습니다. 그리고 무릎을 두드리는데 외할아버지 같으신 분이

같이 두드려주셨습니다. 도공이 끝나고 나니 아팠던 곳들
이 싹 나았습니다.

복잡한 일상을 떠나 태을궁에 입소하여 집중수행에 들어간 전국 성도님들의 신비로운 체험을 소개합니다.

날아오던 큰 바늘들이 연기처럼 사라져

울산옥현도장 / 박태웅 (남, 52세)

　　도기 144년 갑오년 동지맞이 21일 정성수행을 서원하였습니다. 종도사님 도훈 말씀 중 하루 최소 105배는 해보라는 말씀을 받들고 그것을 지키기 위해 지금까지 해왔습니다. 어떻게 보면 보잘 것 없지만 나름대로 힘든 점도 있었습니다. 그래도 105배만은 평생 지키자 다짐했습니다.

　　그런 정성 기운을 바탕에 깔고 태을궁 1박 2일 집중수행에 참여하였습니다. 첫날에는 울산에서 3시간 이상 차를 타고 가서 그런지 좀 피곤했습니다. 태을궁에서 수행을 하는데 처음에는 잠이 오고 힘들었습니다. 1시간 정도 지났을 즈음 정신이 약간 맑아지고 밝아졌습니다.

이어서 도공을 시작했습니다. 처음엔 별 느낌이 없었습니다. 10분에서 20분 정도 지났을까? 팔을 위아래로 힘차게 흔들면서 '지기금지원위대강'을 반복해서 외우는데 강력한 기운이 하늘에서 내려오는 것을 느꼈습니다.

몸이 바위처럼 아주 강해지는 느낌 그리고 어떤 어려움도 이겨낼 수 있고 무엇이든 해낼 수 있다는 마음이 딱 자리를 잡는 순간, 많은 화살을 한꺼번에 쏜 것처럼 큰 바늘들이 저의 몸을 향해 날아오는 게 보였습니다. 그런데 오묘한 조화기운이 어떤 보호막을 형성해서 저의 몸을 보호해 주었습니다. 큰 바늘처럼 생긴 것들은 나의 몸을 향해 날아오다가 저의 몸 근처까지 와서는 아주 엷은 연기처럼 사라졌습니다.

긴 영화의 예고편처럼 짧은 시간의 체험이었지만 정성들인 만큼 마음이 닦이고 그 마음이 닦인 만큼 체험한다는 느낌을 받았습니다. 수행을 마치자 몸과 마음이 아주 가볍고 개운했습니다.

신명들이 자기 자손을 찾아

계룡도장 / 권혜성 (여, 50)

　2016년 1월에 태을궁에서 전국 도장 간부들과 함께 무박 4일 수행을 할 때 체험입니다.

　첫날 입공치성 올리고 운장주를 읽을 때 갑자기 어디서 들어왔는지 큰 불덩어리 같은 것이 단전으로 들어오는 느낌이 들었습니다. 따뜻한 기운이 온몸으로 퍼져나가고 몸이 용광로처럼 뜨거워졌습니다.

　첫날 그 기운으로 계속 수행을 했습니다. 요즘 날씨가 추워서 그런지 등, 어깨, 목 쪽의 근육이 뭉치고 많이 아팠습니다. 둘째 날 도공 수련을 했는데 뭉쳤던 것이 언제 아팠냐는 듯 다 풀렸습니다.

　세 번째 날 태을주 주문을 합송할 때였습니다. 갑자기

천상 옥경이라는 곳에 상제님께서 서 계신 것이 보였습니다. 상제님 형모는 안개처럼 가려서 잘 안 보이고 양쪽에 엄청난 신명들이 사람을 반기고 있었습니다. 제 앞으로 몇천 명 넘는 성도님들이 인사드린다고 상제님 앞으로 가는데 저도 뒤따라갔습니다.

신명들은 자기 자손이 있는지 찾고 있었습니다. 자손을 보고 손을 흔드는 신명들이 있었고 무덤덤한 신명들도 있었습니다. 저도 조상님이 계시나 해서 봤는데 아버지와 어머니가 보였습니다. 어머니가 핑크색 저고리 같은 것을 입고 저를 보시는데 저와 눈길이 마주치지는 않았습니다. 마주쳤으면 얼마나 좋았을까 생각하면서 수행을 마쳤습니다.

상제님께서 "21일 동안 잠자지 말고 수행하며 수마睡魔를 극복하라." 하셨는데 저는 조금 졸기는 했습니다. 다 마치고 나니까 정신이 맑아지고 몸이 깃털처럼 가벼워져 펑펑 날아갈 듯한 느낌이 들었습니다. 앞으로 4박 5일이 아니라 21일까지라도 다 함께 밀고 나가면 큰 기운을 얻겠다는 생각을 했습니다. (2016년 1월 5일~1월 8일 무박4일 집중수행 체험)

푸른 하늘과 흰색 꽃, 그리고 태사부님의 모습

김포북변도장 / 이훈(남, 45)

도공을 할 때 가슴이 펴져 시원해지며 인당 쪽으로 편안하게 의식이 올라갔습니다. 마치 목이 뒤로 젖혀지며 올려다보듯 맑고 파란 구름이 드리워진 하늘이 보였습니다. 바라보는 하늘 한 가운데 거리가 멀게 느껴지는 별 하나가 빛나고 있는 모습을 보았습니다. 그리고 태상 종도사님 태을주 주송 성음에 맞춰 주문을 읽을 때 스크린이 뜨면서 태사부님께서 무대 왼편에 서서 지켜보시는 모습을 보았습니다. 의복은 재세 시에 자주 뵈었던 양복 정장 차림이었습니다. 태을주 각송을 할 때는 파란 하늘과 구름을 보았습니다. 평소 도공을 하면 윤곽은 선명하지 않지만 꽃 같은 이미지들을 보았었는데, 오늘은 수행을 하며 가지에 달린 흰색 꽃을 선명하게 볼 수 있었습니다.

(2016년 1월 5일~1월 8일 무박4일 집중수행 체험)

도공신장의 보호 속에
마음의 상처를 치유하고

본부도장 / 이영훈(남, 33)

　수행하면서 지난날 인간관계 속에서 상처받았던 기억들이 떠올랐습니다. 시간이 지나 잊혀진 줄 알았는데 감정이 덜 풀렸던 것 같습니다. 그런데 상처로 남은 기억들이 떠오를 때 심장도 뭔가를 찌르는 듯 아팠습니다.

　그래서 심장에 손을 대고 신유神癒를 하면서 주송을 했습니다. 도공을 할 때도 심장 부위를 두드렸습니다.

　자축인시子丑寅時 수행을 할 때는 백회로부터 얼굴 속까지 기氣의 기둥이 관통해 있는 걸 느꼈습니다. 머리 뒤쪽부터 기혈이 열렸는지 '만의회집지상萬蟻會集之像' 현상이 일어났습니다. 어느 순간 탁 트이는 느낌이 들면서 양미간 사이에 스크린이 펼쳐졌습니다. 처음에는 크기도

작고 빛도 흐렸는데 수행에 집중하면서 밝아지고 화면 크기도 커졌습니다.

아침 치성 도공 시에는 수행 도중 뒤쪽에 키와 몸집이 큰 누군가 있는 게 느껴졌습니다. 눈을 뜨고 뒤를 돌아봤지만 아무도 없어서 다시 눈을 감았는데 계속 누군가 뒤에 있는 것을 느꼈습니다. 키와 몸집으로 보아 도공신장인 것 같았습니다. (2016년 1월 5일~1월 8일 무박4일 집중수행 체험)

기운을 축장하며 천하사의 의지를 다져

서울관악도장 / 현금상(남, 52)

입공치성을 올리면서 주문 합송 시 밝은 기운이 모여드는 것이 느껴졌습니다. 그리고 우주 저 먼 곳에서 어떤 통로가 연결되어 환한 빛이 인당 쪽으로 들어오는 것을 느꼈습니다.

이틀째 수행 시에는 전날 간장 쪽이 묵직하게 느껴져서 수행기운이 원활하게 돌지 못했던 것이 풀려가면서 수행이 편안해지고 집중할 수 있게 되었습니다. 발바닥으로 찌릿찌릿하게 탁기가 많이 빠져나가는 것이 느껴졌고 목으로 가래도 많이 나왔습니다.

아침에는 얼굴에 아무것도 바르지 않았는데 윤기가 있는 것처럼 피부 상태가 좋아졌습니다. 수행이 되어 가는 느낌이고 수기가 축장되는 것이 느껴졌습니다.

3일째, 힘들 것으로 생각했는데 예상한 것보다 힘들지 않았습니다. 밝은 기운이 들어오고 몸의 여러 혈 자리가 풀리면서 기운이 잘 들어왔습니다. 저녁에 수행기운이 크게 발동하는 느낌이었고 몸에 기운이 축장돼 올라오면서 걱정거리들이 사라지고 마음이 밝아지며 담대해져 감을 느꼈습니다.

4일째 아침에 피로감이 있었지만 묵직한 기운들이 백회 및 인당 주위로 강하게 몰리는 것을 느꼈습니다. 그동안 내려온 기운들이 단단히 자리 잡고 축장되었구나 하는 생각이 들었습니다. 4일간의 집중수행 동안 밝고 강한 기운에 의해서 전체적으로 몸과 의식이 단련되었습니다. 이번 수행을 계기로 천하사 사명에 대한 자각과 자신감, 의지가 다져지는 소중한 시간이 되었습니다. (2016년 1월 5일~1월 8일 무박4일 집중수행 체험)

태을주 수행과 도공, 어떻게 할까요?

봉청수와 기도

● 기도와 수행은 음양짝입니다. 먼저 육신을 정화하고 죄업을 참회하기 위해 천지에 청수를 올립니다. 태고로부터 우리 민족은 신교를 신앙하면서 크고 작은 모든 일에 청수를 모시고 기도를 드렸습니다. 봉청수奉淸水를 하고 간절한 마음으로 반천무지攀天撫地로 사배를 올리며 심고를 드립니다.

올바른 복장과 자세

● 복장은 수도복을 입는 것이 가장 좋습니다. 수도복이 없는 경우 일상복과 구분하여 따로 정갈한 옷을 수도용으로 정해놓는 것이 좋습니다. 특히 옷이 몸(특히 하복부)을 조이지 않도록 편안한 옷을 입어 최대한 호흡을 안정적으로 할 수 있도록 합니다.

- 무릎을 꿇거나 평좌로 앉되 허리를 곧게 펴는 것이 가장 중요합니다. 양손은 가볍게 말아 쥐고 몸쪽 가까이 허벅지 위에 올려놓아 어깨가 구부러지지 않도록 합니다. 고개는 아래턱을 약간 끌어당기는 기분으로 반듯하게 유지합니다.

- 눈은 지그시 감거나 혹은 자기 코앞이 보일 정도로 반개半開합니다. 눈앞에 발을 친 것처럼 눈을 반쯤 감고 반쯤 뜨고 해도 됩니다.

올바른 주송법

- 태을주를 읽을 때는 의식을 하단전에 두거나 또는 태을주 소리에 집중해서 소리와 내가 하나가 되도록 하며 읽습니다. 정확한 발음으로 분명하고 맑고 경쾌하게 읽어야 합니다. 리듬을 살려서 고저장단이 있으며 운치있게 읽는 것이 좋습니다.

- 정좌하고 앉아서 수행하는 것 외에 걸어다니면서 읽고, 일하면서도 읽고, 호흡하듯 24시간 입에 태을주를 물고 다니며 읽습니다. 태을주 정공靜功 수행과 동공動功인 도공道功 수행을 병행해야 태을주의 천지기운을 크게 열수 있습니다.

수행에 좋은 시간대

● 수행은 하루 중 새벽 인시^(寅時, 3~5시), 묘시^(卯時, 5~7시)에 하는 것이 가장 좋습니다. 이때 양기^{陽氣}가 동하기 때문입니다. 그 시간이 힘들면 최소한 아침 기상 직후와 밤 취침 직전에 수행을 하는 것이 좋습니다.

● 태을주 세계를 빨리 체험하려면 집중해서 오래 읽는 것이 효과적입니다. 하루에 조금씩 꾸준히 읽는 것도 좋지만 한 번에 몇 시간 씩 집중해서 읽는 것이 더욱 빨리 체험의 길을 열어줍니다.

태을주 도공 수련 방법

● 도공 기도문 '상제님이시여, 태모님이시여, 태을천상원군님이시여, 태사부님이시여, 사부님이시여, 저에게 천지조화 도공을 크게 내려주시옵소서'를 세번 읽습니다. 이후 태을주 주문이나 '지기금지원위대강', '원황정기내합아신' 등의 도공주문을 읽으며 몸을 흔듭니다. 입으로 도공 주문을 읽으며 기를 느낄 때까지 몸을 진동시킵니다.

●계속 하다보면 자기도 모르게 흔들리게 되는데, 제어하지 말고 그 흐름을 따라갑니다. 기의 흐름에 몸과 마음을 맡기고 잊어야 합니다. 태을주 정공과 마찬가지로 이때도 잡념을 끊고 주문 자체가 돼서 그 주문과 하나가 되어 몸을 흔들어야 합니다. 주문도공은 태을주의 위력 위에 기를 싣는 것입니다. 누구라도 태을주 도공을 하면 가을우주의 천지기운을 크게 받을 수 있습니다.

수행을 마치고 나서

●태을주 수행을 마치고 난 뒤에는 정갈한 그릇에 청수淸水를 옮겨 따라 마십니다. 상제님께서는 "천지 기운을 받는 청수니라. 이것이 복록이니라" 하셨습니다. 태을주 기운이 들어간 청수를 마시면 자신의 건강증진은 물론, 가족과 이웃의 질병도 고칠 수 있는 치유력을 향상시켜 줍니다.

증산도 절법
애니메이션

태을주 도공의
원리

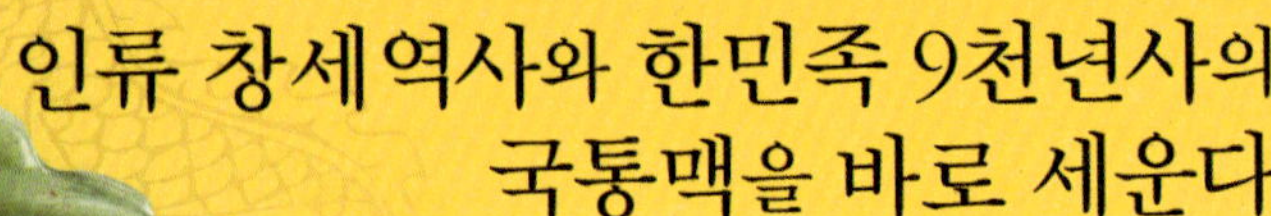

인류 창세역사와 한민족 9천년사의
국통맥을 바로 세운다

환단고기

【桓檀古記역주완간본】

인류 원형 문화인 '삼신三神 문화' 시대의 종교, 정치, 우주관,
인간론, 통치원리, 언어, 음악, 건축 등
고대 문화 전수 비밀을 동북아 삼국(한중일)의 관계 속에서
총체적으로 밝히는 유일한 인류 창세역사 원전原典

30년 지구촌 현지답사와 문헌고증. 알기 쉽고 정확한 완역본 최초 출간!

편저 운초 계연수, 교열 해학 이기, 현토 한암당 이유립 | 안경전 역주 | 180×265 | 양장 | 1424쪽 | 값 55,000원

『환단고기』 위서론 시비에 종지부를 찍는다!

천하대세를 알아야 성공한다!

당신은 12만9천6백년의 우주년에서
가장 큰일을 할 수 있는 바로 그 시점에 살고 있다

天地의 道
春生 秋殺

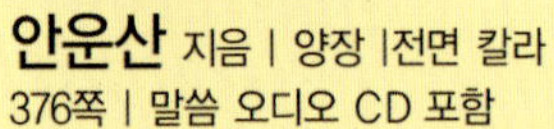

안운산 지음 | 양장 |전면 칼라
376쪽 | 말씀 오디오 CD 포함

안운산 말씀
오디오 테이프 10개 세트

상생의 새 문명을 여는 천지대도 말씀

차례 1. 우주는 어떻게 둥글어 가나 | 2. 기존 문화권을 매듭짓고 새 세상을 여신 참 하나님, 증산 상제님 | 3. 왜 조상을 섬겨야 하는가 | 4. 신명공사로 새 세상을 여셨다 | 5. 세계 정세는 어떻게 변해 왔나 | 6. 상제님의 도는 어떻게 굽이쳐 왔나 | 7. 태을 주로 천하 사람을 살린다 | 8. 지상선경의 새 시대가 열린다 | 9. 우주의 결실은 인간 | 수필부록

증산도 주요도장 안내

안내 1577-1691
교육문화회관 042-337-1691 대전광역시 대덕구 한밭대로 1133 (중리동)

태전 | 세종 | 충남

태전도안	042-523-1691
태전대덕	042-634-1691
태전선화	042-254-5078
태전유성	070-8202-1691
계룡	042-841-9155
공주신관	041-853-1691
논산	041-732-1691
당진읍내	041-356-1691
보령동대	041-931-1691
부여구아	041-835-0480
서산	041-665-1691
서산대산	041-681-7973
서천	041-952-1691
아산온천	041-533-1691
예산	041-331-1691
천안구성	041-567-1691
태안	041-674-1691
홍성대교	041-631-1691
조치원남리	044-866-1691

서울

서울강남	02-515-1691
서울강북	02-929-1691
서울관악	02-848-1690
서울광화문	02-738-1690
서울동대문	02-960-1691
서울목동	02-2697-1690
서울영등포	02-2671-1691
서울은평	02-359-8801
서울잠실	02-403-1691
서울합정	02-335-7207

인천 | 경기

인천구월	032-438-1691
인천주안	032-429-1691
인천송림	032-773-1691
부천	032-612-1691
고양마두	031-904-1691
구리수택	031-568-1691
김포북변	031-982-1691
동두천중앙	031-867-1691
성남태평	031-758-1691
수원영화	031-247-1691
수원인계	031-212-1691
안산상록수	031-416-1691
안성봉산	031-676-1691
안양만안	031-441-1691
여주창리	031-885-1691
오산대원	031-376-1691
용인신갈	031-283-0056
의정부	031-878-1691
이천중리	031-636-0425
파주금촌	031-945-1691
평택합정	031-657-1691
포천신읍	031-531-1691

충북

음성	043-872-1691
제천중앙	043-652-1691
증평중동	043-836-1696
청주우암	043-224-1691
청주흥덕	043-262-1691
충주성서	043-851-1691

강원

강릉옥천	033-643-1349
동해천곡	033-535-2691
삼척성내	033-574-1691
속초조양	033-637-1690
영월영흥	033-372-1691
원주우산	033-746-1691
정선봉양	033-562-1692
춘천중앙	033-242-1691

부산 | 경남

부산가야	051-897-1691
부산광안	051-755-1691
부산덕천	051-342-1692
부산동래	051-531-1612
부산온천	051-554-9125
부산중앙	051-244-1691
언양	052-264-6050
울산옥현	052-276-1691
울산자정	052-281-1691

거제장평	055-636-1692	안동태화	054-852-1691	
거창중앙	055-945-1691	영주	054-636-1691	
고성송학	055-674-3582	영천화룡	054-338-1691	
김해내외	055-339-1691	포항대신	054-241-1691	
김해장유	055-314-1691			

광주 | 전남

남지	055-526-1697
마산	055-256-9125
밀양	055-355-0741
사천벌용	055-833-1725
양산북부	055-382-1690
진주	055-743-1691
진해여좌	055-545-1691
창원명서	055-267-1691
통영북신	055-649-1691
함양용평	055-962-1691

거제장평 055-636-1692
거창중앙 055-945-1691
고성송학 055-674-3582
김해내외 055-339-1691
김해장유 055-314-1691
남지 055-526-1697
마산 055-256-9125
밀양 055-355-0741
사천벌용 055-833-1725
양산북부 055-382-1690
진주 055-743-1691
진해여좌 055-545-1691
창원명서 055-267-1691
통영북신 055-649-1691
함양용평 055-962-1691

안동태화 054-852-1691
영주 054-636-1691
영천화룡 054-338-1691
포항대신 054-241-1691

광주 | 전남

광주상무 062-373-1691
광주오치 062-264-1691
강진평동 061-433-1690
나주남내 061-333-1691
목포옥암 061-283-1691
순천조례 061-745-1691
여수오림 061-652-1691
완도주도 061-555-1691
해남성동 061-537-1691

대구 | 경북

대구대명 053-628-1691
대구두류 053-652-1691
대구복현 053-959-1691
대구수성 053-743-1691
대구시지 053-793-1691
대구강북 053-312-8338
경주노서 054-742-1691
구미원평 054-456-1691
김천평화 054-437-1691
문경모전 054-554-1691
상주무양 054-533-1691

전북

군산조촌 063-446-1691
남원도통 063-625-1691
익산신동 063-854-5605
전주경원 063-285-1691
전주덕진 063-211-1691
정읍연지 063-533-6901

제주도

서귀포동홍 064-733-1691
제주연동 064-721-1691

해외도장

미국

뉴욕 1-347-542-3554
로스엔젤레스 1-323-937-2535
달라스 1-972-241-2399
오클랜드 1-408-709-0045
시카고 1-773-332-6016
아틀란타 1-770-381-7600

캐나다

토론토 1-416-221-1033

독일

베를린 49-305-562-0043

일본

도쿄 81-03-5246-4143
오사카 81-6-6796-8939
고베 81-78-262-1559
아시야 81-797-25-7576

중국

홍콩 070-4696-0309

인도네시아

자카르타 62-816-131-2500

필리핀

마닐라 63-2-682-0413

증산도 본부에 전화로 문의하시거나 국내외 증산도 도장道場을 방문하시면, 태을주를 전수받고 수행법을 지도받을 수 있습니다. 또한 증산도 공식 홈페이지를 방문하시거나 증산도 케이블TV 방송인 STB상생방송을 시청하면 태을주의 운율을 듣고 따라 읽을 수 있습니다.

증산도 본부

상담 전화
1577-1691

공식홈페이지
www.jsd.or.kr

STB상생방송 홈페이지
www.stb.co.kr